Ruth Tassoni – LICHTPUNKTE

RUTH TASSONI

LICHTPUNKTE

Autobiographische Splitter

PENDO

Erschienen im pendo-verlag, Zürich 1990

Umschlagbild: Ernst Egli, Aquarell 16 × 10 cm
Typographie: Bernhard Moosbrugger
Satz: Fosaco AG, CH-8363 Bichelsee
Herstellung: Clausen & Bosse, Leck
ISBN 3 85842 179 0

Ruth D. Tassoni
Biographische Daten

3.12.1908 in Berlin geboren (Ruth Domiono) als Tochter eines preussischen Beamten und einer jüdischen Mutter.

ab 1930 Schulen in Hamburg.
Studium der Germanistik und Geschichte in Wien. Dissertation über Expressionismus. Sie wird österreichische Staatsbürgerin.

1937 Evakuierung Verwundeter der internationalen Brigaden während des spanischen Bürgerkrieges.

1938 Flüchtling in Paris infolge des Anschlusses von Österreich an Deutschland.
Damals entstanden Geschichten, die unter den Pseudonymen Ruth Lenz und Ruth Jensen in verschiedenen Ländern herauskamen.

1940 in den U.S.A. Teaching Fellow am Bryn Mawr College, Pennsylvania – dazwischen Aufenthalte in der Künstlerkolonie von Yaddo. Veröffentlichungen in englischer Sprache.
Deutschunterricht am Quaker-Center Pendle Hill für die nach Europa gesandten «Relief-Workers».

1950 Ehe mit italienischem Professor und Übersiedlung nach Bergamo.
Lektoratsarbeiten für den Verlag Mondadori. Englische Geschichten für «The New Yorker» und andere literarische Zeitschriften.
In den letzten Jahren wieder mehrere Erzählungen auf deutsch, wovon vier in der österreichischen Monatsschrift «Literatur und Kritik» erschienen sind.

INHALT

Splitter, die sich unter die Haut setzen, muss man herausziehen; bei manchen genügt ein leichter Druck, bei anderen geht es schwerer. So ähnlich steht es mit vielen meiner Erlebnisse und Begegnungen, von denen ich nicht weiss, ob sie tief und wie tief sie gegangen sind.

Ruth Tassoni

KAUM GEKANNT

Zu den ganz Nahestehenden, die man trotz allem kaum gekannt hat und denen man viel später auf Fotografien wieder begegnen kann, Fotos, die meist aus der Jugendzeit stammen und dementsprechend fremdartig wirken, gehört meine Mutter.

Fremdartig, ihr Foto auf dem Schreibtisch des Vaters; es stellte eine junge Dame mit schlanker Taille und leicht gewölbtem Busen dar, im langen, schwungvollen Rock eines Reitkostüms; an den Hut erinnere ich mich nicht, doch an die Reitpeitsche, die die Dame gar nicht flott, sondern eher verlegen wie einen aufgerollten, zierlichen Regenschirm unter den Arm presst, während sie nachdenklich vor sich hinschaut.

Das Foto stammte aus Mutters Mädchenzeit, als sie Rezitations- und Reitstunden nehmen durfte; beides von ihrer vermögenden, jüdischen Familie bewilligt – aus Dankbarkeit für ihre aufopfernde Pflege der von vielen Geburten verbrauchten und gelähmten Grossmutter.

Von den Rezitationsstunden bei einer pensionierten Schauspielerin bewahrte sie ein Buch mit Balladen und dramatischen Gedichten auf, von denen sie uns öfters einige Zeilen vortrug. Die Reitpeitsche jedoch, mit silbernem Knopf und Monogramm darauf, spielte nur eine einmalige Rolle in unserem Leben, als Schwester und ich auf einmal nichts mehr als selbstverständlich hinnehmen wollten, weder mütterliche Wärme noch väterliche Mahnungen. Was wir eigentlich wollten, damals dreizehn- und vierzehnjährige altkluge Bücherwürmer, die wahllos lasen, was sie im elterlichen Bücherschrank vorfanden, von Andersens Märchen zu Zolas naturalistisch Verdammten, wussten wir selbst nicht.

Für Mutter waren es schwere Zeiten, die ersten Jahre nach dem I. Weltkrieg – deshalb der unbeaufsichtigte Bücherschrank. Während Vater, ein verdienstvoller, aber nicht mehr so junger Beamter, sich im neugeformten Ministerium der jungen Republik zurechtzufinden versuchte, waren wir mit Mutter in eine kleine norddeutsche Stadt gezogen, um dort die nächste Versetzung Vaters abzuwarten. Ein enges

Milieu voller weissblonder Menschen, in dem Mutter, mit ihren pechschwarzen Haaren und ihrem Lorgnon statt Brille, misstrauisch betrachtet wurde. An kühlen Herbstabenden sassen wir in einem kahlen Zimmer mit wenigen Möbeln, darunter dem Bücherschrank, um einen grünen Kachelofen, in dem Bratäpfel schmorten. Wir wollten nichts anderes zum Abendbrot essen als diese aromatischen Äpfel, mäkelten an allem herum, wollten keine kratzigen Wollstrümpfe tragen, sondern kunstseidene wie die flirtenden Backfische unserer neuen Schule – kurz, wir machten Mutter das Leben so unerträglich, dass sie eines Abends die wohl als Jugendandenken aufbewahrte, zierliche Reitpeitsche hervorkramte und, die kurzsichtigen Augen voller Tränen, hilflos damit herumfuchtelte – natürlich ohne uns zu treffen.

Da stand sie nun vor uns – ungeschützt – weder Mutter noch um den Vater besorgte Ehefrau – nur hilfloses Wesen, das uns erschreckte und zum Lachen und Weinen reizte. Nein – das wollten wir auch nicht – und wussten selbst nicht recht, was wir bei ihr suchten.

Und dann kam es unerwartet.

Es war fast wie ein Schulausflug ohne Schule und ohne Lehrerin – nur mit der Mutter als schweigsamer Begleiterin. Ihr Ziel war eine kleine, verträumte Insel in den märkischen Seen, die Pfaueninsel, wo das Lieblingsschlösschen der Königin Luise stand. Wir kannten die Königin von vielen Abbildungen her, im bescheiden dekoltierten Empiregewand, auch als junges Mädchen mit der Schwester, ihre Hand um deren Schulter – Königin Luise, die Napoleon I. um Milde bat für Preussen, beim Friedensschluss von Tilsit, 1807. Und statt einer Antwort überreichte er ihr eine Rose. Sie hatte diesen Bittgang allein angetreten, ohne den König; vielleicht gefiel gerade dies der Mutter. Schweigend und aufmerksam betrachtete sie die einfachen Möbel des Schlafzimmers, eine fein glasierte Waschschüssel mit Krug und einen geschweiften Spiegel, nicht weit von einem Sofa mit gerolltem Kissen. Nachdenklich hob und senkte sie ihr Lorgnon, als hielte sie mit ihren Gedanken Zwiesprache.

Und dann der Weg zurück zum Schiffchen, über Wiesen, auf denen Pfauen ihre metallisch blitzenden Räder schlugen und schrille, klagende Laute ausstiessen. Es war, als seien wir alleine auf der Insel. Von Zeit zu Zeit legte die Mutter die Hand um unsere Schultern – wie die junge Luise auf dem Bild mit ihrer Schwester – und schaute vor sich hin wie auf der Fotografie auf Vaters Schreibtisch.

Im nachhinein schien es wie ein Traum, in dem man etwas kaum Gekanntes wiederzufinden glaubt, und dabei blieb es, unwiederholbar.

DAS GRABMAL

Er schlug zu – ein einziges Mal – wegen eines kleinen Handwägelchens aus Holz, in dem Kohle und Baumäste zum Heizen transportiert werden sollten. Es war Herbst, nach dem Ersten Weltkrieg und Kohlennot, und ich verlor die hölzerne Rückwand. Danach entschuldigte er sich mit gesenktem Kopf: «Ja, das ist so eine Sache mit den Erwachsenen, die haben oft nervöse Launen.»

Es klang umständlich für mich, doch erhebend, einbezogen zu werden in das Vertrauen von etwas Unbegreiflichem wie nervösen Launen. Der Mann, der sich so entschuldigte, war mein Vater, preussischer Bürokrat, voll stillem Pflichtgefühl, mit träumerischen Anlagen. Und doch verteidigte er ein Stückchen Butter vom Schwarzmarkt, verborgen in seiner Aktentasche, mit lärmender Autorität: es gebe hier nichts zu finden, schrie er den Polizisten an, der pflichteifrig das Hotelzimmer absuchen wollte,

– und eingeschüchtert zog sich der Mann darauf zurück. Das war im Sommer, in dem oberfränkischen Erholungsort Wunsiedel, Geburtsort von Jean Paul alias Richter, vor dessen Geburtshaus wir standen. «Ein Hungerleider und Phantast», sagte Vater nachdenklich, nachdem er gerade ein neues Angebot von Schwarzmarktbutter abgelehnt hatte. «Aber ihr solltet ihn später doch lesen – den seltsamen ‹Siebenkäs›.» Der Name gefiel uns.

Damals lehrte er die Schwester und mich den Anfang der ‹Odyssee› auf griechisch – für ihn Musik, für uns unverständliche rhythmische Laute; und er ging uns voran, schwang den Spazierstock wie ein Dirigent, und wir hinterher wie sein Chor, und jeden Tag ein Stückchen Musik mehr für ihn und unverständlich Klangvolles für uns. Das gefiel uns besser als Pauls Siebenkäs; doch das mit der versteckten Butter – das gefiel mir nicht – da war ein Riss in dem nahtlosen Vertrauen meiner zehn Jahre, einem Vertrauen, das sich nach dem einzigen Schlag sogar verstärkt hatte, zu dem ich aber nie mehr zurückfand. Wie unerbittlich, wie verständnislos doch diese frühen Beobachtungen sein können.

Es war zu Beginn der Nazizeit, als ich die

Eltern noch einmal kurz in Deutschland besuchte. Bei jedem Spaziergang zog es die Mutter unwiderstehlich und zitternd zum Anschlagbrett des «Stürmers», eines Hetzblattes gegen die Juden voll hässlicher Karikaturen von deformierten Gesichtern mit Hakennasen – und trotz seinem schon fast an Blindheit grenzenden Augenleiden zog er die Mutter energisch hinter sich her, weg vom Brett, mit dem Stock vorantastend, ein armer, alter Orpheus ohne Leier, dafür mit steifem Hut und dunkler Brille, der seine Eurydike vor der Unterwelt retten wollte.

Nach ihrem Tod zog er zu seinen Brüdern in eine norddeutsche Stadt, doch sie schoben ihn bald in ein Altersheim ab, wohl wegen der Verantwortung; der Schutzkeller war zu klein für alle Hausbewohner; auch konnten sie ihm die jüdische Frau nicht verzeihen, die sie für alles anklagten: Krieg, Bombardierung und Söhne an der Front. Doch das weiss ich nur aus den Erzählungen meiner Schwester. Man soll ihn verhungert im Heim aufgefunden haben; ob er die Nahrung verweigerte oder ob man ihn bei der plötzlichen Räumung des Hauses vergass, ist nicht geklärt.

Ich habe ihn noch einmal gesehen – auf einer Landungsbrücke, an der nord-amerikanischen Küste, aber er war nur eine Erscheinung: es war spät abends, und er hatte den Hut, jenen steifen, preussischen Hut, tief ins Gesicht gezogen. – Nach den Angaben meiner Schwester müsste es sein Sterbetag gewesen sein. Danach habe ich noch sein Grabmal gesehen, einen grossen Stein mit vermutlichem Todesdatum – allerdings nur auf der Photographie, die mir seine Brüder Jahre später aus der norddeutschen Stadt übersandten.

VOR-ORTE

Ruhige Orte, die vorgelagert sind – meistens einer Grossstadt – und wir Kinder glaubten, dass die Stadtmitte etwas unübersehbar Grosses ist, in der immer irgend etwas geschieht, etwas Aufregendes, manchmal auch Gefährliches, was mit Zeitläuften zu tun hat und dem Vorgefühl, dass alles anders wird.

Berlin-Lichterfelde West – Villenstrassen zwischen Feldern und dem weitläufigen botanischen Garten – dem Königin-Luise-Stift für Offizierswaisen anderer Zeiten; die stillen Strassen münden in eine weite gepflasterte Chaussee, von Eichen gesäumt, unter denen nach dem I. Weltkrieg müde Soldaten einer geschlagenen Armee entlangmarschierten – vorbei an einstigen Tennis- und Schlittschuhplätzen, die verwildertes Gelände geworden – dort eine alte Holzbaracke mit einem grossen Schild davor: HIER KÖNNEN FAMILIEN KAFFEE KOCHEN. Das Schild habe ich noch gesehen, aber nicht mehr die kaffeekochenden Familien, die mit Kremsern herausgefahren sein sollen; zu meiner Zeit gab es schon die Strassenbahnen, und im Herbst rieselten die Eicheln auf die Schienen, und man sammelte sie in den Nachkriegszeiten, um einen Kaffee davon zu brauen, er soll scheusslich geschmeckt haben, doch daran kann ich mich nicht mehr erinnern, wohl aber an einen kleinen, zerfetzten Stein auf dem Schreibtisch meines Vaters mit aufgeklebtem Papierschild, worauf er geschrieben: Stein von der Beschiessung des Kaiserschlosses, November 1918.

Das beschossene Schloss habe ich nicht gesehen, wohl aber die Schüsse gehört, die kamen von fernher aus der Stadt; unsere ruhigen Strassen lagen damals im Dunkeln, weil der Laternenanzünder auch nicht mehr kam mit seinem langen Zündestock – und selbst wir Kinder ahnten, dass im Stadtinnern etwas unübersehbar Grosses geschehen war und dass nichts mehr so sein werde wie vorher.

WANDSBECK — UND WAS WUSSTEN WIR SCHON

Wieder ein Vorort – diesmal vor einer grossen Hafenstadt – damals noch preussisch im Umkreis der freien Hansestadt Hamburg. Gleich beim Marktplatz das preussische Finanzamt, wo mein Vater herrschte – über Paragraphen und «Subalterne», wie man Untergeordnete so rigoros im Beamtenjargon nannte – und im Korridor die üblichen Spucknäpfe, allerdings weniger als in seinem früheren Amt in der bäuerlichen Kleinstadt.

Gegenüber dem hässlichen, grauen Finanzgebäude die Evangelische Kirche, stattlicher und älter, aus rotem Backstein – das Ganze etwas kleinstädtisch. Die Strassenbahn hielt in der Nähe vom Gehölz, das sich quer durch den Vorort bis zur Eisenbahnunterführung zog. Man spürte hier wenig vom Hafen, so gut wie nichts; und was wussten wir Kinder schon von St. Pauli, den Matrosen, käuflicher Liebe und vom Geruch von Meer und von Ozeandampfern; dafür rochen wir die Nähe einer Schokoladenfabrik, nahrhaft und vielversprechend; dies liess uns zeitweilig die Nachkriegsknappheit vergessen. Die prächtige Villa des Fabrikanten lag beim Gehölz – im römischen Säulenstil gebaut, dazu gotische Erker – oder waren es Türmchen? – darin kannten wir Kinder uns nicht aus.

Manchmal hörte man ferne Schüsse, die mit politischen Unruhen oder Arbeitslosendemonstrationen zu tun hatten, aber das war nichts Ungewohntes in jenen zwanziger Jahren – ungewohnt hingegen war uns ein seltsam vibrierender Ton; obwohl er von weit herkam, klang er nah und dumpf, schien aus der Tiefe der nebligen Dämmerung zu kommen und sich über alles auszubreiten. – Nebelhörner – erklärte man uns – warnende Stimmen der Schiffe. Und auf einmal wurde der Hafen Gegenwart in unserer engen, preussischen Konklave; es klang so feierlich und mahnend wie ein Chor von Ertrunkenen, die wir niemals gesehen hatten, doch deren Nähe wir plötzlich spürten.

DER «WANDSBECKER BOTE»

«Der Mond ist aufgegangen,
Die goldnen Sternlein prangen . . .»

Ja, der alte Matthias Claudius, vor 200 Jahren Freund von Klopstock und Lessing, noch heute zitiert und gesungen – und wie oft bin ich an dem Gedenkstein vorbeigegangen, mitten im Wandsbecker Gehölz – dem Gedenkstein für seine längst verschollene Zeitschrift «Der Wandsbecker Bote»; worauf gemeisselt waren: Hut, Wanderstab und Wandertasche. – Und jenseits des Gehölzes und der Bahnunterführung, wo schon die Felder begannen, unsere bescheidene Backsteinvilla, die sich die Eltern nach vielem Hin- und Herüberlegen Mitte der zwanziger Jahre hatten bauen lassen: ein zweistöckiges Haus mit Giebel – darin mein Zimmer, mein erstes mir ganz überlassenes Reich mit Bücherschrank und dem Schreibtisch, auf dem ich rebellische Schulaufsätze schrieb in den drei letzten Jahren vor dem Abitur. Es war eine fortschrittliche Schule mit sehr fortschrittlichen Lehrern, jeder von ihnen voll neuer Ideen, die mit den vorausgegangenen Programmen gründlich aufräumen sollten, und jeder war uns führender Freund oder Kamerad, je nach seinen mehr forschen oder milden Anlagen. Damit hatten für mich ein neues Leben und für die Eltern Probleme begonnen.

Die Schüler sollten sich für das öffentliche Leben interessieren und Zeitungen lesen; das hiess auch, abendliche Versammlungen besuchen im Herzen der Grossstadt und dann spät durch das Gehölz heimkehren; vorbei an den Bäumen ohne Beleuchtung; doch in meiner Erinnerung schien der Mond von Matthias Claudius stets milde durch die nächtlichen Schatten, auch wenn er nur halb zu sehen war; schien auf den runden Wanderhut des «Wandsbecker Boten» und weckte friedlich behutsame Gedanken: «Wie ist die Welt so stille,/Und in der Dämmrung Hülle/So traulich und so hold! . . .» Allerdings nicht in den Versammlungen, von denen ich gerade kam; einmal ging es um die Gedächtnisfeier für die ermordete Rosa Luxemburg, ein andermal um die in Amerika hingerichteten italienischen Anarchisten, Sacco und Vanzetti, im Jahre 1927. Zu Hause erwartete mich der Vater im langen Nachthemd und versuchte, seiner Lieblingstochter die Leviten zu lesen; er fröstelte und war heiser, wiederholte jedoch mit lauter Stimme kopfschüttelnd: «Nein, den Hausschlüssel bekommst du noch nicht . . .»; und ich schlich schweigend in mein geliebtes Giebelzimmer, sah hinaus auf den dunklen Garten und hinauf zum Himmel, beruhigt, selbst wenn es keinen Mond gab oder nur einen halben – «. . . Und ist doch rund und schön! So sind wohl manche Sachen, Die wir getrost belachen, Weil unsre Augen sie nicht sehn.»

Ja, was wussten wir von unserem Klassenlehrer, an dem wir so strenge Kritik übten in seiner Anwesenheit – und uns dabei so wichtig fühlten – gemäss dem Zeitgeist der russischen Revolution, die nun auch schon 10 Jahre zurücklag. Was wir vor uns sahen, war ein schwerfälliger, blonder Mann mit blassem Gesicht; was wir von ihm wussten, war nicht viel – ausser dass er Rilke und George liebte, das Herbstsemester mit Verlaines «. . . les violons de l'automne . . .» begonnen und bei unserem letzten grossen Schulausflug nach England mit gekränktem Unwillen auf unseren übermütig burschikosen Ton reagiert hatte. Doch von jenem Sommer an war unser Kontakt mit ihm gestört.

Da sass er nun vor uns, mit gesenktem Kopf und starrem Gesicht; nur seine Lippen zitterten, als unser Klassensprecher ihm erklärte, dass es nicht so weiterginge mit ihm.

Und später sprachen wir mit einem verlegenen Lächeln davon, als wir längst einen anderen Lehrer hatten. Denn was wussten wir damals schon, was es bedeuten kann, gnadenlos verurteilt zu sein.

UELZEN

Zwischen Berlin und Hamburg, was allerdings nur die geographische Lage dieser Kleinstadt beschreibt; auf der biographischen Landkarte war es ein wichtiger Zwischen-Ort, voller kindlicher Erlebnisse und wachsender Neugierde.

Ein sprudelndes Flüsschen begrenzte den grossen Garten mit Badeschuppen; für uns floss es zu schnell, und so steckten Schwester und ich nur die Füsse ins Wasser. Der Garten mit rotem Backsteinhaus gehörte einem blinden Apotheker, der im Sommer beharrlich die Johannes- und Stachelbeersträucher nach reifen Früchten abtastete. Seine französische Frau mit weisser Schürze und rasselndem Schlüsselbund beobachtete ihn vom Balkon, auf- und abgehend; ihr Blick durch ein Pincenez schien wachsam und auf Sparsamkeit gerichtet. Der einzige Sohn kam zum Osterbesuch in schmucker Marineuniform mit blanken Knöpfen; auf unser verlegenes Kichern reagierte er wegwerfend: er könne unsere Köpfe wie Eierschalen zerdrücken. Wie immer dies gemeint war, gereizt oder humoristisch, seine Bemerkung blieb für uns unvergesslich; vielleicht, weil wir plötzlich glaubten, unsere Köpfe wie misshandelte Ostereier auf dem Rasen liegen zu sehen.

Wir wohnten im dritten Stock des Apothekerhauses und von allen Fenstern sah man auf die Heide, und die Heide sah auf uns, rotglühend im Herbst, braun und abweisend im Winter, mit allem Verborgenen und Offensichtlichen, das zu ihr gehörte; zu letzterem auch den Bauern, die auf Pferdewagen oder Fahrrädern in die Stadt kamen – zum Markttag und auch zum Gang in das Steueramt, wo der Vater waltete und immer neue und kompliziertere Steuergesetze der Regierung durchführen musste. Der lange Korridor, der zu seinem Zimmer führte, war mit Spucknäpfen gesäumt, von denen die ländlichen Steuerzahler beim Hineingehen und Herauskommen reichlich und meist ärgerlich Gebrauch machten.

«Die Schande von Versailles!» donnerte unser Geschichtslehrer und meinte damit den Friedensvertrag von 1918 und die hohen Steuern. «Unser Land muss viel zu viel Kriegsschulden abzahlen an die Siegerstaaten», und er beruhigte sich nur, wenn es um die blauen Hohenzollern-Augen ging, die bei gewonnenen Schlachten siegreich blitzten, natürlich nur in der Vergangenheit.

Um sechs Uhr abends schritt er über die Bahnhofsstrasse, um zu kontrollieren, wer von seinen Schülerinnen auf den Bummel ging und den grünbemützten Landwirtschaftsstudenten kokette Blicke zuwarf; ertappt versteckte man sich in den Hauseingängen oder knickste tief und senkte den Kopf. Am häufigsten wurde dabei eine meiner Freundinnen erwischt. Unsere Freundschaft bestand hauptsächlich in ihrer Bereitwilligkeit, mir von ihren Abenteuern zu erzählen: Abenteuern auf dem Bummel, die meist mit Küssen unter der dunklen Bahnunterführung endeten und von ihr schwärmerisch mit dem Backfischausdruck «süss» beschrieben wurden, was mich an eine besondere Art von Bonbons erinnerte, damals eine unerschwingliche Delikatesse.

Es war an einem dämmerigen Winterabend, als ich selbst so einen Kuss bekam, auf meinem Schlitten sitzend unter der Bahnunterführung – wohl das Resultat einer Wette unter den grünbemützten Studenten. Doch spürte ich nur einen unbehaglichen Stoss wie von einem feuchten Schneeball, aus dem Hinterhalt gezielt, zu dem kein Gesicht gehörte – und der deshalb um so beunruhigender war.

Von da an liess ich das Rodeln sein und kehrte reumütig zurück zu den früheren Ferienausfahrten mit dem Milchmann. Wenn wir ihn abholten, meine Schwester und ich, flocht seine Frau ihren falschen grauen Zopf, der am Fensterhaken hing. Dann hinauf auf den Kutscherbock, die Beine unter einer ledernen Decke, vor uns der breite Pferdehintern, auf- und abschaukelnd mit Hüh und mit Hott und wedelndem Schwanz – so nah schienen Schwester und ich noch nie an eine heile, kindliche Welt gekommen zu sein, und wir waren nur unwillig bereit, sie zu verlassen.

Vielleicht war es nicht so heil, was wir auf unserem Schulausflug in das Heidemuseum entdeckten: uralte Knochen aus Hünengräbern mit schweren Schmuckstücken – und noch unheimlicher: eine Moorleiche, schwärzlich und gekrümmt, die Haut an die Knochen geklebt mit bleckenden Zähnen; von einer Frau – sagte man uns – und vielleicht ein Verbrechen.

Doch meine Klassenkameradin Anneliese sah etwas ganz anderes darin und konnte sich von dem Anblick nicht losreissen. Es hatte mit ihrem Vater zu tun, der kurz nach Ausbruch des Krieges, 1914, in der Schlacht bei den Masurischen Sümpfen als vermisst gemeldet wurde. Obwohl das schon etliche Jahre her war, hoffte sie noch immer, denn eine alte Wahrsagerin hatte ihr gesagt, dass der Vater es überlebt habe, allerdings könne sie nicht herausfinden, wie.

Ich sehe sie noch vor mir – die Anneliese mit ihren langen Zöpfen, in einem groben Soldatenmantel, von der Mutter umgearbeitet, – wie sie mir von ihrem Entschluss erzählte und mir dabei die Photographie eines Soldaten zeigte: das sei er, der Vater, und sie werde ihn suchen gehen, was immer die Mutter sagen möge, und mit Gottes Hilfe finden – und wie sie dann mit grossen, weitausholenden Schritten vor mir herging, als ob das Suchen ein Marschbefehl sei, wohin er auch immer führe.

PARK I

«Park» bedeutet für mich Grossstadt: nicht länger behütet in einem grossen Garten zu sitzen, zu Hause, in einem Vorort. Während Parks im späten Leben Einsamkeit auf Bänken heissen können, bestenfalls verklärt durch die Schönheit der Anlagen oder verschlungene Liebespaare, bedeutete mir mein erster Park Entdekkung von Selbständigkeit, auch Allein-sein-Können mit plötzlichen Einsichten, so kurz diese auch dauern mochten, in meinem damaligen Studentenleben.

Er war nicht gross, mein erster Park, eher gemütlich, gehörte zu einem dahinterliegenden kleinen Palais im Biedermeierstil, später Landesmuseum, eingerahmt vom Tröpfelbad und altmodischer Bedürfnisanstalt mit gusseisernen Verzierungen — lag (liegt noch heute) im achten Bezirk von Wien, genau zwischen der

Universität und meiner Studentenstube. Zu dieser ging man durch den Haushaltsladen meiner Wirtin. Eine Glocke bimmelte an der Ladentür beim Ein- und Ausgehen; es roch nach Schmierseife, die in grossen, offenen Fässern lagerte, nach altem Hund, der auf dem Bettvorleger seiner Herrin döste; ich eilte schnell durch ihr Schlafzimmer, dann 3 Stufen hinauf zu meiner engen Kammer; dort ein grosses Holzbett, ein Waschgestell und gerade noch Platz für einen kleinen Tisch mit Stuhl und im Winter für einen noch kleineren Petroleumofen. Da war es schon besser, in der prächtigen Barockbibliothek der früheren Hofburg zu studieren, obwohl die pensionierten Gendarmen in grauen Kitteln, die als Hilfskräfte die Bücher zutrugen, nie bereit waren, mehr als eines zu bringen, da man, ihrem Raisonnement gemäss, nicht gleichzeitig in zwei Bänden studieren könne.

Am schönsten war es, im nahen Park zu lesen, natürlich nur im Sommer, nach einer billigen Dusche im Tröpfelbad – Germanistische Philologie, die ich allerdings nur in kurzen, intensiven Anstrengungen zu bewältigen vermochte und mit Ausblick auf nahe Ferien – so langweilig und unbegreiflich waren mir jene fernen Lautverschiebungen – und warum? Und wie sahen die Menschen aus, die diese wohl meist unwissentlich durchlebten oder nur beiläufig – und vielleicht doch beunruhigend?

Warum er mir sofort wieder einfiel, nach all den Jahrzehnten, als ich den Park wiederfand, im selben Rahmen von Tröpfelbad und altmodischer Bedürfnisanstalt – und im Park unter dicht belaubten Bäumen denselben Platz, auf dem ich an einem ganz bestimmten, heissen Sommertag vor den Semesterferien gotische Texte von Ulfilas, eigentlich Wulfila studierte, jenes westgotischen Bischofs des 4. Jahrhunderts, der im äussersten Winkel des byzantinischen Kaiserreichs (im heutigen Rumänien) zwischen Bergen, Wäldern und Steppen seine Gläubigen vor Verfolgung schützte, dabei die Bibel ins Gotische übersetzte und dazu noch eine Schriftsprache für sein Volk erfinden musste.

Was mich damals an Ulfilas so lockte, waren die wenigen Bruchstücke, die von seiner riesigen Arbeit übriggeblieben sind, darunter einige Fragmente der Evangelien: Johannes der Täufer in der Wüste mit einem Gewand aus Kamelhaaren, einem ledernen Gürtel um die Lenden, seine Speise: Heuschrecken und wilder Honig; das versprach wenige Prüfungsfragen. Vielleicht spielte auch noch etwas anderes in meine Sympathie hinein: eine plötzliche Vorahnung, was es heisst, über ein täglich verunsichertes Leben zu triumphieren.

Als ich dann ein Jahr später zur Prüfung antrat, nach dem sozialistischen Aufstand von 1936, der einige Anführer an den Galgen und manche meiner Freunde ins Gefängnis brachte, müssen mir die gotischen Vokabeln vom Täufer Johannes und seiner asketischen Wüstenspeise so unbegreiflich fern und doch tröstlich vorgekommen sein, dass meine Übersetzung der wenigen Zeilen recht bewegend geklungen haben mag; selbst der Professor, eine graue, eher humorlose Eminenz musste lächeln, und während er umständlich an den langen Regalen herumsuchte, um mir einen anderen Text vorzulegen, sah ich ihn auf einmal vor mir, den westgotischen Bischof: in seiner Studierhütte, abends spät, Fackeln an der Wand, den Kopf müde auf die Hand gestützt, draussen das Wiehern von Pferden, rauhe Ausrufe, Kinderweinen und beruhigender Singsang von Frauen. Wie er wohl grübelte und lauschte auf die einfältigen Laute, die er dann in Schriftzeichen und biblische Worte umzuwandeln wusste; Worte – mehr als 1600 Jahre verlorengegangen und wieder auferstanden – Heuschrecken und Honig – wie fern und tröstlich: thramsteins jah milith – wie fern und feierlich.

JIDDISCHE LIEDER

Vielleicht, dass sie mit Innigkeit, ja mit Inbrunst zu tun haben – jene jiddischen Lieder, die ich zum ersten Mal in einem Wiener Kabarett, Ende der Zwanziger, hörte – und dann nicht vergessen konnte – wohl wegen meiner Mutter, die als assimilierte, deutsche Jüdin nichts davon wissen wollte, von jener engen Welt des «Schtettel», am Rande der russischen und österreichischen Imperien.

Jiddische Lieder – schmerz- und scherzhafte: das Lied vom Resele mit seinem trippelnden «Füsselach» droben auf der Treppe, während ihr Freund unten auf der Gasse Nüsse knackt; vom armen «Bocher», dessen Leben sich von Gebet zu Gebet hungernd dahinzieht; vom Rebbe, der im warmen Stüblein beim Ofen das ABC lehrt, doch die «kleine Kinderlach» werden erst später verstehen, dass in den Buchstaben liegen «Treren und wieviel Gewein».

Meine zwei Begleiter, denen ich diesen Besuch verdankte, wussten mehr von dieser Welt als ich, obwohl sie sich von ihr entfernt hatten. Auf der einen Seite sass mein damaliger Mann, Arzt, später auch Journalist in Vietnam und China, aus jüdisch-intellektueller Familie stammend; auf der anderen Seite ein Mann mit unauffälligem Gesicht, korrekt gekleidet, mit Krawatte und Hut, im Unterschied zum Arzt mit Ballonmütze und offenem Hemd, ein Russe, Funktionär, sagte man mir, in irgendeinem offiziellen Amte tätig.

Beide Männer trafen sich zu ihren Unterredungen im jüdischen Kabarett. Was wir damals tranken? Vielleicht Tee mit Rhum oder Wodka, doch ich war viel zu aufgeregt, um darauf zu achten, ganz auf die Sängerin konzentriert. Sie war zierlich, dunkelhaarig, hatte eine kleine Stimme, doch sang sie mit Überzeugung. Der Arzt, gedrungen und energisch, klatschte nach jedem Lied heftig und herausfordernd, wie er es mit vielen Dingen hielt, auch in unserem Zusammenleben. Meistens gab die Sängerin noch etwas zu – zum Schluss des Abends war es das Lied vom Dudele. Sie begann dieses Lied leise und innig, bis es zum triumphierenden Ende kam, der Begegnung mit dem gesuchten, göttlichen Partner.

Während der Arzt wieder stürmisch klatschte, hielt der andere eine kurze Weile die Hand vor die Augen, als ob er seine Gefühle vor der Aussenwelt schützen wollte.

Jiddische Lieder – vielleicht erweckten sie in beiden eine verdrängte, religiöse Gläubigkeit: dass den Armen und Verfolgten das Himmelreich näher sei als den Reichen – das hiess in ihrem komplizierten, dialektischen Raisonnement «klassenlose Gesellschaft» ohne Kapitalisten, Imperialisten und Vorurteile – allerdings müssten dann auch der wehmütige Spott, der in manchen dieser Lieder aufklingt, revolutionärem Witz und Kampfgeist weichen.

Vielleicht, dass beide mit jener verdrängten Gläubigkeit im Herzen starben – einen gewaltsamen Tod –, doch mit Unterschied: der Arzt starb in einem Flugzeugattentat, 1955, auf dem Weg zu der ersten «Dritte-Welt-Konferenz» afro-asiatischer Länder, von der er als Journalist berichten wollte. Die Bombe explodierte über dem Südchinesischen Meer; doch in seinen Geschichten und Artikeln lebt er weiter mit den Idealfiguren seines politischen Glaubens – tapferen, opferbereiten Kämpfern gegen Kolonialismus in Vietnam – und armen chinesischen Bauern, einst von Entbehrung gezeichneten, doch stets weisen, die durch Maos Landreformen ihr Los zu verbessern lernten.

Mein anderer Begleiter starb schon früher, wie mir berichtet wurde, in einem der Stalinschen Schauprozesse – «liquidiert», wie es damals hiess; und da er nur ein kleines Rädchen in einer mächtigen bürokratischen Maschine war, vergessen und schutzlos.

Jiddische Lieder – das Lied vom Dudele, ich höre es jetzt noch, vom göttlichen Du, dem der Mensch überall begegnet – mit seinen Rätseln von Leben und Tod, von uns damals wohl kaum geahnten.

P. S.
Mit den einzelnen Wörtern der jiddischen Lieder, die ich zum Teil vergessen hatte, halfen mir meine beiden Wahlschwestern in Wien aus. Das Lied vom Rebbe mit den kleinen Kindern und später den «Treren und wieviel Gewein» sang eine der beiden für ihren schwerverwundeten, jüdischen Zellennachbarn im Gestapoquartier in Brüssel während der deutschen Besatzung; doch dies gehört zu ihren Geschichten von der Resistance.

ALBACETE

Zwischen Valencia und Madrid gelegen – auf einer kahlen Ebene – in der Ferne Hügel, die sich bei Sonnenuntergang seltsam bunt färben. Damals, in den dreissiger Jahren, eine Kleinstadt, die, während des Bürgerkrieges zur Sammelstelle der internationalen Brigaden geworden, plötzlich gefährlich angeschwollen war; sie waren alle gekommen, um Franco zu bekämpfen. Doch was wusste man wirklich von dieser kleinen spanischen Stadt. Hinter den Häuserfronten, die keiner von uns so recht beachtete – es sei denn, sie gehörten zu requirierten Büros oder Schlafstätten –, lauerte oft Feindliches. Bei Anbruch der Dunkelheit war es schon vorgekommen, dass man Brigadisten überfallen hatte – meistens mit Messern.

In der Dunkelheit kamen auch die Züge mit Verwundeten an bis kurz vor Mitternacht – Züge, die nie einem festen Fahrplan folgen konnten. Das Lazarett, wohin die Verwundeten von mir gebracht wurden, einst ein feines Sanatorium, von Palmen umgeben, lag am anderen Ende der Stadt, eine halbe Stunde Wegs vom Bahnhof entfernt. Zwei Sanitätswagen standen zu meiner Verfügung und zwei Chauffeure, die mir beim Einladen der Verwundeten helfen sollten – zwei junge Franzosen, Pariser Misere entlaufen und an den allzu hochgespannten Idealismus der Internationalen nicht recht gewöhnt, dafür eher an robuste Scherze. Wenn ihnen das Warten zu langweilig wurde, urinierten sie und verschwanden mit den Sanitätswagen in der Dunkelheit.

Falls bis Mitternacht kein Zug mehr kam, hiess es, allein zurück, zu Fuss, auf Gummisohlen – man hörte keinen Schritt. Es war als ob man durch die Nacht flöge, ohne Gewicht, ohne Umrisse – mit etwas Angst, doch nicht zuviel, wohl wegen des Fliegens und wegen des Vorgefühls, bald anzukommen und zu Hause zu sein – zwischen Lazarettbetten; vorbei dann an offenen Türen, an Stöhnen und Seufzen, vorbei an der spanischen Nachtschwester, die mit einem Verwundeten im Bett liegt, einem Franzosen mit Beinschüssen – besser nichts davon berichten; es gibt schon genug Reibungen zwischen tiefeingewurzelten Gebräuchen. Also weiterschleichen bis zum Winkel mit der Schiebetür; dahinter mein Bett und vor dem Bett, auf dem Boden, eine abgetragene Schaffelljacke, die einem gefallenen Brigadisten gehört hat – Schuhe aus und Füsse auf das Fell gesetzt, um es zu fühlen. – Und wie es aussieht, so ist es: verbraucht, rauh und doch weich, diese letzte Spur eines Lebens, eine noch nicht ganz ausgelöschte Erinnerung, die mich in den Schlaf begleitet, rauh und weich zugleich und etwas beunruhigend.

MURCIA

Südlicher gelegen als Albacete – grösser und heisser – es gibt einen Fluss und Brücken – davor das Lazarett in einem grossen düsteren Bau – sieht aus wie ein ehemaliges Kloster, vielleicht Klosterschule; in einem gewölbten Raum viele Regale mit Büchern: lateinische Grammatiken und Klassiker unordentlich durcheinandergewirbelt, teils auf Tischen mit eingetrockneten Tintenfässern, teils auf dem Boden; auch der Esssaal hat eine gewölbte Decke, die Fenster sind hoch oben; es ist zwar kühl und man sitzt im Schatten, doch das macht das Essen nicht fröhlicher; dazu die herablassenden Scherze der Vorgesetzten – wieder Franzosen; die hatten es leichter damals, sie konnten zurück in ihr Land, wo es noch keinen Hitler oder Mussolini gab. Man trinkt schweren, roten Wein und isst süsse Datteln zum Nachtisch; der distinguierte Chefarzt erzählt von Ausflügen in die benachbarten, fruchtbaren Gärten und von der grossen Kathedrale, gotisch, doch mit verschiedenen Stilen überbaut, und von der Universität mit der Fontäne im Hof in arabischem Stil – und ich fühle mich beschämt – sicher weiss ich es mir nicht recht einzuteilen, sehe nur, was unmittelbar vor mir ist: Verwundete und wieder Verwundete und zum Schluss nur noch Wunden; darunter eine riesige, blutige Wunde, ein Beinstumpf über dem fehlenden Knie, muss jeden Morgen mit scharfen Mitteln betupft werden zum Desinfizieren, und der junge deutsche Student versucht vergeblich sein Schreien und Stöhnen zu unterdrücken und sich dabei noch zu entschuldigen; nur von dünner Wand getrennt eine junge Österreicherin, die gerade eine Frühgeburt überstanden hat und wegen Platzmangels mit einem fiebernden jungen Arzt zusammenliegt. Auf dem Boden vor ihrem Bett liegt ein Telegramm, wo auf spanisch zum «hijo» und siegreicher Zukunft gratuliert wird. Aber der «hijo» war ein Mädchen, nicht lebensfähig und schon mit blutigen Binden und anderen menschlichen Überresten verschwunden. Die junge Frau weint, doch als ich ihr das Telegramm reiche, zerknüllt sie es und lässt es wieder zu Boden fallen.

Am Abend bringe ich dem Studenten ein Buch in deutscher Sprache, das ich auf dem Boden in der Bibliothek gefunden habe; es ist der Band einer alten Cotta-Ausgabe von Schillers Werken – ein Roman «Der Geisterseher», auf vergilbtem Papier.

«Danke», sagt er. «Wissen Sie, dass wir in der Schule nicht über Schillers Dramen hinausgekommen sind?»

«Wir auch nicht», sage ich und sehe auf einmal wieder das grosse Fenster im Hörsaal der Wiener Uni vor mir und davor die Votivkirche. «Cagliostro», sage ich, «den meinte Schiller.»

Der Student nickt. «Vielleicht war er nicht nur ein Scharlatan, sondern ein Alchimist, dem es ernst war.»

Er drückt das Buch an sich, sein Beinstumpf liegt im weissen frischen Mullverband auf der Decke. «Auf Morgen», sagt er, und sein Gesicht ist entspannt – und auf einmal sieht der nächste Tag anders aus, nicht nur von Schmerzen eingeengt.

TRAFALGAR SQUARE

Es ist etwas Geisterhaftes um alte Fotografien, zumal, wenn sie zufällig in unser Gedächtnis hereinflattern – dazu auf einem Platz, so herrisch wie der Trafalgar Square: In dessen Mitte auf hoher Säule Admiral Nelson mit dem Zweispitz auf dem Kopf, umgeben von bronzenen Löwen, umrauscht von zwei Brunnen – und ist dabei doch so häuslich, dieser Platz, wie ein riesiges, verwohntes Zimmer, in dem täglich jede Touristengeneration ihre eigene Unordnung hinterlässt: fettiges Frühstückspapier, Brotrinden, Orangen- und Bananenschalen und zerrissenes Zeitungspapier mit Schlagzeilen von gestern und vorgestern, Versammlungsankündigungen – längst vergangen und vergessen. Mit der Dämmerung kommen die Stare aus den nächsten Parkanlagen, sie suchen Schlafplätze unter den Dächern stattlicher Gebaude, schrill zwitschernd, eine tosende Wolke von schwarzen Flügeln – kleine Todesengel, die den Tag zu Grabe tragen. Doch es sind nicht die

Stare sondern die Tauben, die mitten im nüchternen Tageslicht eine verlorengegangene Fotografie aus meinem Gedächtnis picken: plötzlich steht sie vor mir, meine tote Schwester auf dem San-Marco-Platz von Venedig, wo die Tauben genauso zur Touristenfotografie gehören wie auf dem Trafalgar Square in London.

Schlank im Tailleur, eine Hand lässig auf dem Schirmgriff, mit keckem Berret auf den dauergewellten Haaren und dazugehörigem Lächeln einer nicht mehr jungen Dame: leicht ironisch und besorgt – neben ihr ein stattlicher Herr mit Hut, ebenso besorgt dreinschauend, wohl wegen der dicht herumflatternden Tauben, denen sie sehnsüchtig – so scheint es – eine Hand mit Brotkrumen entgegenstreckt – oder ist eher Misstrauen dabei – denn die Tauben sind berüchtigt wegen der reichlichen Klexerei, die sie überall hinterlassen.

Sie hoffte wohl, dass aus Venedig eine Hochzeitsreise werde – irrtümlicherweise, denn der jüngere Herr Professor muss ihr gerade erklärt haben, dass er noch eine Karriere vor sich habe, und überhaupt: ihm gefalle nicht ihre abenteuerliche Vergangenheit in Hitlers Deutschland; eine Vergangenheit mit «Webfehler», wie sie die Abstammung von unserer jüdischen

Mutter nannte. Aus dem «Webfehler» war bei ihr ein riskantes Spiel geworden, eine Art «blinde Kuh», die Suche nach immer neuen, immer wichtigeren Männern, nie wissend, ob diese wirklich die richtigen seien – und nie waren sie ihr wichtig genug, um sich mit ihnen sicher zu fühlen.

In den Nachkriegsjahren war es dann aus mit dem Spiel. Ihre jüdischen Kollegen in dem Juristenbüro rückten von ihr ab, und die Aussichten wurden immer trüber, ihr Leben immer ärmlicher, bis es zum Selbstmord kam in einem teuren Sanatorium.

Nach ihrem Begräbnis in Hamburg wählte ich nur zwei Dinge aus ihrem Nachlass: ein Paar ausgetretene Sommersandalen, die mich an ihre Unarten in unserer Kindheit erinnerten – Klettern über hohe Zäune, an denen Strümpfe und Schuhe hängenblieben, Auf- und Abspringen bei Strassenbahnen in voller Fahrt, wobei sie öfters ausglitt und sich die Knie blutig schlug; das zweite Memento war ein Regenschirm mit ledernem Griff und grüner Seide, vielleicht derselbe wie auf der Fotografie. Meist vergesse ich, ihn mitzunehmen, auch ist die Seide schon recht verschlissen, aber wegwerfen werde ich ihn nicht.

PARK II – GREEN PARK

Bevor im Abenddunkel alles verlischt, kommt die Dämmerung wie ein langes Abschiednehmen – auf diese Weise entdeckte ich den Green Park an einem späten Herbstnachmittag in London – wie Trost in der Schwebe.

Der Park liegt in einem privilegierten Stadtviertel, nicht weit vom Buckingham Palace; kein grosser Park, doch bei meinem kurzen Gang von nur 10 Minuten verwandelte er sich mit seinem verblassenden Grün in einen Traum von Loslösung: symmetrisch angelegte Alleen mit hohen Buchen und Platanen, gewundene Pfade durch samtene Rasenflächen, die idyllische Perspektiven von Tiefe und Weite vortäuschen, dazu am Ein- und Ausgang die hohen, schmiedeisernen Gittertüren mit vergoldeten Ornamenten, die nicht länger eine Welt begnadeter Ungerechtigkeit abschliessen – das alles erlaubte ein Weggleiten von der Wirklichkeit; und ich musste an den dumpfen Blick einer

Freundin denken, Tochter der Armut, die auf meine Frage, warum sie immer so traurig dreinschaue, antwortete: nicht traurig, es ist die Wirklichkeit in meinem Blick. Und ich höre wieder ihren schweren, gleichmässigen Tritt und möchte sie einladen, mir hier zu folgen, wo das Gehen ein Gleiten werden kann, so wie es der längst verstorbene Architekt wohl geplant hat, um seinen Fürsten gnädig zu stimmen.

Selbst jene respektlosen Jugendlichen, die mit Steinen und Knüppeln auf herunterhängende Äste losgehen, jenes Pärchen, das ohne Dekorum an den Stamm eines Baumes gelehnt in einen Kuss verschmilzt, das kläffende Hündchen, das sich an einen zu grossen Liebespartner heranpirschen will, der mit Zeitung bedeckte, betrunkene Schläfer, der seine leere Flasche und zerrissenen Schuhe wie letzte Anhaltspunkte einer verlorenen Häuslichkeit neben sich plaziert hat — sie und wir alle mit unseren grossen und kleinen Banalitäten gemeinsamer Vergänglichkeit verwandeln uns in jenen kurzen Momenten verlöschenden Lichtes in die launischen Abweichungen einer geometrischen Ausgeglichenheit; und selbst wenn diese würdige Schönheit für den grossen Herrn, der den Auftrag für diese Anlage gegeben, und für seinen respektvollen Diener, der sie erdacht hat, nur vorübergehend existiert haben mag, schenkt sie uns doch noch jetzt einen Augenblick spielerischen Triumphes über Abweichungen und Verzerrungen verlorengegangener Leben. Und wieder muss ich an meine traurige Freundin denken, wie sie bei Sonnenuntergang dem anmutigen Spiegelbild einer Burg in der Donau glücklich zugelächelt hat.

DIE TREPPE

Sie verbindet den oberen Teil der Stadt, die stattlich angelegten Avenues, mit dem Hafen – die Treppe von Odessa. Als unser Touristenschiff dort anlegte, an einem warmen Herbstnachmittag der sechziger Jahre, war sie bevölkert von vielen Menschen: Babuschkas mit Kopftüchern, rundlichen Frauen in buntbedruckten Kleidern und Babies im Arm, Männern mit offenem Hemdkragen – und alle strömten auf unser Schiff zu, winkten, riefen hinauf, und unsere jungen russischen Kellnerinnen, wohl zum ersten Mal zurück von längerer Schiffsreise, weinten vor Rührung und winkten zurück. Endlich heimwärts! und mit jeder Stufe der Treppe kam es ihnen näher, das Daheimsein.

Doch in meiner Erinnerung sah sie ganz anders aus, die nie vorher gesehene, nur in Eisensteins Film «Potemkin» auf der Leinwand zum ersten Mal erlebte Treppe. Eine ganze

Generation, die sich damals in den Zwanzigern für russische Filme zu interessieren begann, sah diese Stufen, auf denen Schritt für Schritt Kosakenstiefel herunterstampften, darüber weisse Tuniken, zielende Gewehre, doch keine Gesichter; dafür sah man kurz auftauchend, die Gesichter der Opfer, bebrillte Gesichter unter Strohhüten von älteren Damen und Herren, Gesichter bärtiger Männer, ein verschrecktes Baby im rollenden Kinderwagen, alle auf der Treppe hinunter in den Tod.

Das war eine Episode in Eisensteins Film von den meuternden Matrosen des Panzerkreuzers «Potemkin» im Juni 1905. Und wenn wir auch wussten, dass 12 Jahre später die willkürlichen Tode von der Revolution gerächt wurden, schien auf dieser Treppe alles doch so tragisch einfach und grossartig.

Als wir Touristen abends von unserem Ausflug in die Stadt, von der Puschkin-Allee, von den weissbeschürzten Limonaden- und Gurkenverkäuferinnen zum Schiff hinunterstiegen, war die Treppe leer und ereignislos. Der junge russische Polizist, der an der Schiffstreppe die Pässe zurückgab, die man uns vorher abgenommen hatte, hielt mich an, da ich, wie er in gebrochenem Französisch hervorstiess, nicht dem Passbild entspreche, und nur nach energischem Protest meines Mannes gab er mir meinen Pass zurück, zögernd, sein Milchgesicht in strenge Falten gelegt – wohl eine Routine, unvermeidlich, um Machtbefugnisse einzuprägen, bei denen es nicht ohne etwas Willkür abgehen mochte.

Und plötzlich war sie wieder da, unversehens, eine längst verschollene Angst, auf der Lauer liegend. Jene andere Treppe führte vom hochgelegenen Bahnhof St. Charles in die Stadt Marseille hinunter, mit vielen Stufen.

«Ihren Ausweis», sagte ein junger Mann mit eitler Krawatte und wies sich als Kriminalbeamter aus. In dem damals von Deutschen halbbesetzten Frankreich kamen viele Flüchtlinge angereist und wollten wie ich ein Visum zum Auswandern abholen und dann auf ein Schiff. Sie trieben die schöne Canebière entlang zum Vieux Port, sassen ängstlich wartend in Cafés, starrten auf das drohende Château d'If, in dem Dumas seine Roman-Gefangenen einst schmachten liess, wohnten in türenlosen Zimmern, wie es sie nur im alten Viertel gab, und wenn das Visum nicht rechtzeitig ankam und es auch kein Schiff gab und das «Permis de séjour» abgelaufen war, ging es in ein Lager, ein Durchgangslager und dann? Eine Frage, die Angstträume heraufbeschwor.

«Wir kriegen Sie schon», sagte der junge Mann, nachdem er meine Vorladung auf das amerikanische Konsulat studiert hatte, und sein Lächeln hatte etwas Hinterhältiges an sich. Trotz meiner Beklemmung musste ich an Katze und Maus denken – und wieviele arme Mäuse gab es damals in Marseille ausser den wenigen Mutigen, die in den Untergrund gingen; und gegen meinen Willen musste ich auch gelächelt haben, denn der junge Mann wurde auf einmal streng und zugleich familiär: «Da gibt es nichts zu lächeln, wir kriegen Dich schon.» Dann lüftete er den Hut zum Abschied, ironisch und seiner Macht sicher. «La prochaine fois!» –

Und obwohl die damalige Drohung und die damit verbundenen Umstände längst vergangen sind, flüstert es dann und wann in meinem Ohr wie vom Windstoss zugetragen: «Wir kriegen Dich schon.»

TREPPE II

Sie mussten dieselbe Treppe heruntergekommen sein, die Treppe vom Marseiller Bahnhof St. Charles, die drei langen, hageren Serben, die ich noch vom spanischen Bürgerkrieg her kannte, als es gegen Franco ging. Solange man Ausweispapiere hatte, kam man von dort herunter, hinauf jedoch gingen wenige von uns Flüchtlingen. Entweder wollte man auf ein Schiff oder man tauchte unter in die Résistance, wie es jene drei Burschen planten, damals im Jahre 1940, im halbbesetzten Frankreich.

Sie luden mich manchmal zum Essen ein in ihr Hotel, einen engen, düsteren Bau im alten Hafenviertel. Ihr Zimmer ohne Tür. Man sah sofort hinein; der gedeckte Tisch mit grobem, sauberem Handtuch als Decke, darauf Blechteller und Gläser; die Gabeln verbogen, mussten sie doch allen möglichen Zwecken dienen; die Messer gut geschliffen, wie es sich zum Fleischschneiden gehört; Wein stets genügend, sonst alles karg und ordentlich, wie es eben in einem Haushalt von Männern zugeht, die ohne Frauen leben, doch in strengem Warten auf einen Aufbruch.

Zum letzten Mal trafen wir uns im fast leeren, verwahrlosten Saal des Marseiller Opernhauses. Man gab «Boris Godunov» von Mussorgskij. Sie schenkten mir die Eintrittskarte, und wir gingen zusammen hin. Es sei eine wichtige Oper, sagten sie mir: Boris, ein Usurpator aus dem 16. Jahrhundert, zu Unrecht zum Zaren gekrönt; der russische Komponist habe von den leibeigenen Bauern seines Vaters gelernt, was Volkslieder, Legenden, Tyrannei und Armut bedeuten, und es in Musik umgesetzt, vier Akte mit vielen Chören.

In meiner Erinnerung verwickeln sich Musik und damalige Umstände zu einem einzigen Knäuel, und wenn ich ihn aufzuwickeln versuche, fallen mir nur wenige Elemente ein, unverwischt, aber zeitlich durcheinander. Da gab es Töne wie von einem Uhrwerk, das statt Stunden Schuld und Gewissensbisse von Boris vertickte; eine Zelle mit Kerzenlicht, im dunklen Saal wie ein leuchtender Käfig, daraus die Stimme des Mönches Pimen, in Anklage und Weissagung. Dann ein plötzlicher Luftzug von der Seitentür und hineinglitt ein junges Ding mit zerzausten Haaren und winkte meinen Gefährten zu, die sich sofort erhoben. Sie müssen noch eine Weile an der Tür gestanden haben, denn ich hörte sie dann und wann flüstern, bis sie endgültig verschwanden.

Die drei habe ich nicht wieder gesehen, das Mädchen jedoch noch einige Male. Denise oder Monique mag sie geheissen haben, nach ihren Andeutungen eine Ortskundige, die einsame Gehöfte zum Untertauchen kannte. Leichtfüssig und zerzaust, schien sie es stets sehr eilig zu haben. Wohin und woher fragte man selten, waren wir doch in der alten Hafenstadt alle im Transit — zusammen und doch allein mit Angst und Hoffnung— wie im dunklen Theatersaal mit dem leuchtenden Käfig und der weissagenden Stimme.

SCHLÜSSEL, HAUSTIERE UND WAHLVERWANDTE

Beim Aufziehen der Schublade schwirren sie noch immer durcheinander wie eine Schar aufgescheuchter Küchenschaben, obwohl schon mehr als die Hälfte davon verschwunden sind – Schlüssel, die schon längst keine Türen mehr öffnen. Doch hinter jeder dieser Türen hat ein Stückchen Heimat gelegen – zusammen ergeben die Stückchen ein ganzes Mosaik von Heimat –, von dem ich mich schwer trennen kann.

Vielleicht liegt es an dem raschelnden Geräusch, dass ich immer wieder an das alte, vierstöckige Haus denken muss, obwohl der Schlüssel dazu vor Jahrzehnten verlorengegangen ist.

Es lag im New Yorker Bohèmeviertel, Greenwich Village, schmucklos gebaut um die Jahrhundertwende, für billige Mieten, nun wohl längst abgerissen, doch damals attraktiv wegen der Umgebung von Ateliers und wohlfeilen italienischen Delikatessgeschäften und Restaurants. «Damals» heisst «in den Vierzigern»: Hitlers Armee war in Russland eingedrungen, und die Japaner hatten mit dem Bombardement von Pearl Harbor ihren Krieg mit Amerika begonnen. Seit einigen Monaten lebte ich in New York, lernte Englisch in Abendkursen der East-Side, zusammen mit Rabbinern, die aus Russland und Polen stammten. Wir standen auf, wenn wir die amerikanischen Anthems lernten, verabschiedeten uns nach der Stunde zeremoniell und fühlten uns schon fast dem Lande zugehörig. Spät ging es eilig zurück zu einer Tasse Tee in der Küche meines Quartiers: Dann raschelten und schwirrten sie beim Lichtmachen durcheinander – meine Haustiere, die Küchenschaben in ihrer Abfalltüte in der Ecke – wie zur Begrüssung. Manchmal wartete ich sogar ein wenig, um dieses Heimkehrgefühl ganz auszukosten. Zuweilen schreckte ich auch meine Landlady auf, die im Dunkeln am Fenster sass, ihr rundes, freundliches Gesicht vom Weinen ganz verschwollen. Sie war 40, Jüdin, legte auf Bücher grossen Wert und war mit einem linken Intellektuellen verheiratet; der aber war in Russland zu Zeiten

Stalins verschollen, nach irgendeinem internationalen Kongress, längst ehe der Krieg ausbrach.

Ich vermutete Untreue, doch sie lächelte unter Tränen – «Oh, wenn es nur das wäre!» – Man fragte damals nicht weiter, lebten wir doch alle in einer Zeit voller Trennungen; viele verschwanden – niemandem mehr zugehörig – auf immer.

Zum Trost tranken wir Tee zusammen, assen Sandwiches mit Peanutbutter, von ihr spendiert, und lächelten einander zu, bevor es zum Schlafen ging.

Hinein in mein Zimmer – mein erstes nach Jahren Pariser Hotels und vielerlei Durchgangsstationen, die letzte in Ellis Island. Das Zimmer klein, doch ganz anders als mein Studentenzimmer oder jenes fast vergessene im Elternhaus; es war mehr und auch weniger als beide, es war ein Zufluchtsort. Man schlüpfte hinein und fühlte sich sicher, wie in einer warmen Tasche – dazu Bücherregale, aufklappbarer Tisch, Stehlampe und Schlafsofa mit malerisch darübergeworfener mexikanischer Decke und dahinter ein grosses Fenster – und durch das Fenster von weitem die Wolkenkratzer Manhattans – und weit, weit dahinter, nur für mich sichtbar: Ellis Island, Auffangsstation für die heimatlosen Seelen jener Zeit, eine Art Purgatorium, in dem man gereinigt und vor der Zulassung geprüft wurde.

Im Purgatorium konnte man sich nicht verkriechen, alles war riesig: Aufenthaltssaal und Esssaal tagsüber, Schlafsaal nachts, heisse Duschen und viel Seife beim Raus und Rein – und jedesmal gezählt, damit keine der Seelen verlorenginge; ein höchst modernes, up-to-date Purgatorium, sogar mit Telefonkabinen im Tagessaal, der stets angefüllt war mit an- und abschwellendem Gemurmel. Und wenn abends im Schlafsaal nach neun Uhr – oder war es zehn – das Licht ausging, setzte man sich in die dazugehörige Toilette, wo die ganze Nacht eine nackte Birne brannte; nur dort konnte man sich verkriechen und allein sein mit Buch, Zeitung oder mit sich selbst.

Tagsüber sass man in Gruppen zusammen auf Holzbänken, und eine flinke Italienerin, auch interniert, deren Verwandte ihr gemahlenen Kaffee und Zucker hereinbrachten, bereitete mit dem kochend heissen Wasser aus den Waschräumen einen Espresso – gegen Bezahlung –, und das gab nach dem Mittagessen die Illusion eines Kaffeehauses. Dann murmelten die Seelen entspannt und vertraut miteinander: wer wohl als Nächster zur Prüfung drankäme und ob dieser oder jener nicht zugelassen werde wegen Schweissfüssen, Blindheit oder gar linker Sympathien, was fast schlimmer war als Geschlechtskrankheiten. Die Prüfungskommission war streng, und manchem wurde der Einlass ins Land verweigert, doch der Spaziergang auf dem Hof war immer erlaubt. Man sah sehnsüchtig auf die Wolkenkratzer am anderen Ufer und die Statue der riesigen Freiheitsgöttin, die jedem mit ihrer Fackel zuzuwinken schien.

Von meinem neuen Zufluchtsort aus sah ich Manhattan endlich von der anderen Seite. Der Monat in den Hallen des Purgatoriums mit seiner sterilisierenden Reinlichkeit lag weit hinter mir. Und ich dankte meinen Haustieren, den Küchenschaben für ihr freundliches Geraschel bei der Heimkehr und meiner Landlady mit dem runden, traurigen Gesicht und den so oft verweinten Augen. Von nun an zählte sie zu meinen Wahlverwandten, ohne dass ich je etwas mehr von ihrem Leben erfahren hätte.

EIN OSTERMORGEN

Er hiess John, half im Garten und in der Bibliothek und war bei einer Schlacht im South Pacific (II. Weltkrieg) schwer verwundet worden. Ob sein Stottern und Stammeln davon kam oder schon früher aufgetreten war, wusste niemand von uns. Meistens blieb er bei den ersten Worten stecken, bevor es zu einer Antwort auf Fragen kam. Wenn man Geduld hatte, erreichte er die Mitte eines Satzes, doch mit solcher Anstrengung, als ob jedes Wort wie ein Mühlstein aus einem tiefen Schacht herausgeholt werden müsse. Danach lächelte er verlegen und senkte den Kopf mit den blonden, schütteren Haaren.

An jenem Ostermorgen jedoch war alles anders mit John. Während der schweigenden Andacht unserer Quäkergemeinde durchbrach er die Stille mit überraschend zusammenhängenden Sätzen, wie um sich besonders uns Flüchtlingen verständlich zu machen; denn wir erteilten zwar Sprachunterricht und versuchten unsere Muttersprache den Schülern so zugänglich wie möglich zu machen, hatten aber andrerseits Schwierigkeiten mit der Sprache des Landes, dem Englischen der Amerikaner.

So deutlich wie möglich erzählte John von Jesu Kampf im Garten von Gethsemane – und die Worte «meine Seele ist betrübt bis an den Tod . . . bleibt hier und wachet . . .» verständlich, doch mit Pausen, mühevoll hervorgebracht, wurden durch seine Stimme zu quälender Gegenwart – als ob ein längst verlorener Freund aus der Vergessenheit wieder auftauchte, flehend und vorwurfsvoll: vielleicht, dass wir uns abwandten, als er in Not war – und danach war es zu spät.

An der Stelle mit den schlafenden Jüngern verstummte Johns Stimme – dann, plötzlich wieder auftauchend, begann sie zu stammeln: «Warum . . . von allen Menschen . . . hier keiner . . . keiner . . .»

Für einen Augenblick schien die Stille zu zittern, sich zu bewegen wie Wellen im Wind, uns vorwärts zu tragen – zu unerwarteter Begegnung. Dann wieder das Stammeln, immer leiser werdend «warum? – warum?» bis zum Verstummen. Diesmal endgültig, und damit verblassten auch endgültig die Schatten verschollener Freunde.

Draussen vor dem Fenster Kaskaden von Frühlingslicht. Zwischen den Ästen des Kirschbaums im zarten Grün schaukelte das uns bekannte leere Rotkehlchen-Nest. Die Vöglein hatte längst die Katze geholt.

Dann das Händeschütteln mit dem Sitznachbarn, einer der wenigen Riten, die den Schluss der schweigenden Quäkerandachten besiegeln. Der Serbe murmelte ein Gebet, eingekapselt in dem Anderssein seiner Sprache und Vergangenheit; doch der Franzose neben mir, sonst unnahbar in seiner zynischen Traurigkeit, reichte mir zitternd die Hand, als habe auch er in der Tiefe eines Augenblicks die Nähe von etwas Unerwartetem gespürt.

AUF DEN HUND GEKOMMEN – TO THE DOGS

Es war bei Lina, der ich zerrissene Laken und Wollstrümpfe meines Mannes zum Ausbessern brachte, dass mich ein leises, misstrauisches Knurren auf den Hund aufmerksam machte und dann auf seine Augen, die unter der Tischdecke heraufschauten – alte, verschleierte Augen mit ängstlich flehendem Blick.

Lina hatte immer Besuch, entweder brachte man ihr Kleidungsstücke zum Flicken, oder man holte diese ab und blieb dann noch ein halbes Stündchen zum Plaudern und eventuell zu einer Tasse Kaffee. Da es meist Nachbarinnen oder deren Freundinnen waren, gab es keinerlei Etikette.

Lina bewohnte im Zwischenstock eines früheren Palastes niedrige Zimmer ohne Comfort, in denen einst die adlige Herrschaft ihre zahlreiche Dienerschaft unterzubringen pflegte. In den Strassen unserer italienischen Altstadt gab es etliche solcher stolzen Gebäude, die teils zu Werkstätten degradiert, teils zu hohen Preisen zum Umbauen verkauft wurden. Lina beklagte sich nicht über Unbequemlichkeiten, da die Miete niedrig war. Obwohl ihre zwei Zimmer im Winter nur durch den Kochherd zu den Mahlzeiten angewärmt wurden und es meist nach dem Gemüsepüree roch, das sie für ihren zahnlosen Mann, einen Kriegsinvaliden, täglich vorbereitete, schienen ihre Besucherinnen daran keinen Anstoss zu nehmen und plauderten munter darauf los, während der Gatte, nebenan mit Wollmütze im Bett liegend, durch die offene Tür etwas Unverständliches dazu brummelte.

Der alte, knurrende Hund, Rasse unbestimmt, schwarz-weisses Fell, gehörte einer Nachbarin, die fast täglich herüberkam, da sie keine andere Gesellschaft mehr hatte. Der Hund wärmte ihre Füsse und machte bei meinem Eintritt mühsam Anstalten, sich zu erheben. Es blieb jedoch bei seinen Bemühungen, und sobald er wieder lag, machte er sich nur durch Knurren bemerkbar, um uns seine Wachsamkeit zu beweisen; das erinnerte mich an die Ängste meiner Kindheit nach dem Ersten Weltkrieg – an demobilisierte Soldaten in zerfetztem Feldgrau, an knurrende oder wütend bellende Hunde hinter Gartenzäunen.

Keine Gefahr hier, Lina stichelte an irgendeinem alten Kleidungsstück herum oder sass an ihrer, noch mit Füssen betriebenen Nähmaschine. Zum Abschied wollte sie mir unbedingt eine aufgesparte Süssigkeit mitgeben. Sie, die in ihrer Kindheit zur Arbeit gehen musste, bevor sie richtig Schreiben und Rechnen gelernt hatte, fühlte sich im Alter nach Heirat mit einem Invalidenrentner wie eine reiche Frau. Und Reichtum verpflichtete zu Grossmut und Geschenken. So liess sie es sich nicht nehmen, mich auch höflich ein paar Schritte zur Tür zu begleiten – wieder vorbei an dem Hund, seinem ängstlich flehenden Blick, der mich nicht losliess. Irgendwo war ich ihm schon begegnet und wie manchem «Déjà vu» unwissentlich, vielleicht in einem anderen Leben, mit anderen Augen. Dann fiel mir ein, was mir Mary vor vielen Jahren erzählt hatte, als ich noch in einem Quäkercollege in Amerika unterrichtete.

Mary, damals unsere Bibliothekarin, pflichteifrig und gehetzt, klein und zierlich von weitem, von nahem eher dürftig. Doch ihr nervöses Gesicht konnte sich freundlich glätten, wenn man nach Büchern suchte, die sie schätzte, und ihre Augen, eher trübe und abweisend, strahlten mich an jenem Nachmittag plötzlich hell an, als sie mir von dem zugelaufenen Hund erzählte. Und dann kam ihr Lachen, kurz, verzweifelt und doch triumphierend.

Es war in den Dreissigern, Amerikas Depressionsjahren voller Arbeitslosen; auch sie ohne Arbeit, in einer kleinen Stadt des Mittelwestens, hungrig, auf dem Weg zu einer Suppenküche – unentschlossen und beschämt –, als sich der Hund an ihre Fersen heftete. Soviele Umwege sie auch machte, sooft sie sich auch in Hauseingängen versteckte, der Hund wartete stets auf sie, wo immer sie auftauchte, leise knurrend und flehend. Sie erinnerte sich nicht mehr an seine Rasse, nur dass er klein und zottig war und glatt um den Hals, wo er wahrscheinlich noch kürzlich ein Halsband mit Zugehörigkeitsdaten getragen hatte – und dass sein Besitzer ihn wahrscheinlich loswerden wollte – und dass er wohl Hunger hatte wie sie – und dass sie sich schämen würde, wenn sie zusammen vor der Suppenküche auftauchten – und dass sie ihm plötzlich einen Fusstritt gab – den ersten Fusstritt in ihrem Leben – und dass der Hund darauf nicht gewinselt, sondern sie nur angeschaut hatte. Und dann war er weg – auf immer. Aber sein Blick: sie hätte nie geglaubt, dass soviel Qual und Flehen in einem kleinen Körper gefangen sein könnten – und seine Augen sahen durch die Zotteln wie durch Gitterstäbe, hinter denen sie sich selbst gefangen sah. Es wurde ihr dann klar, dass sie auf den Hund kommen würde, wenn es so weiterginge – «to the dogs» –, und noch in derselben Woche fand sie Arbeit, die interessanteste ihres Lebens, bei einer Schriftstellergruppe, die von dem damaligen Präsidenten unterstützt wurde. Und das alles hatte sie dem Hund zu verdanken und ihrem Fusstritt. Und wieder höre ich ihr kurzes Lachen, voll verzweifelter Heiterkeit, einer Heiterkeit, die nur ihr und dem Hund gehörte.

Sie verliess das College nach dem Tod der Direktorin, an der sie sehr hing. Das ist alles, was ich nach meiner Rückkehr nach Europa noch von ihr wusste. Später, Jahre später, kam ein Brief von ihrem Bruder, von dem sie mir nie erzählt hatte: seine Schwester sei in einer Nervenanstalt gestorben, und er habe meine Adresse in ihrem Nachlass gefunden.

Wie manch anderer meiner zufälligen Bekannten, mit denen mich eine kurze, doch innige Verwandtschaft verbunden hat, habe ich ihr in meiner Erinnerung einen Grabstein gesetzt – nicht auf ein in die Erde geschaufeltes Grab, sondern in der Luft schwebend, geisterhaft, mit dem Blick ihres Hundes.

VON HUNDEN II

Von Hunden ist nicht loszukommen: wohl weil sie mit Begegnungen zu tun hatten, die trotz Kürze ein bleibendes Gefühl von hilflosem Mitleid in mir hinterliessen.

Ihr Hund hiess Muma — von mutmasslich abgeleitet, erklärte sie —, und sie glaubte, ihn öfters bellen zu hören.

Wir wohnten im selben Haus, in einem jener grünen Londoner Viertel, die einst von Künstlern und Bohème, später jedoch von Psychotherapeuten bevorzugt wurden.

Sie war eine berufsmässige Zuhörerin, wie sie selbst, wohl aus Unsicherheit, ihre psychologische Beratungshilfe nannte. Sie arbeitete für eine jener Grossstadtorganisationen, die teils aus geschulten Psychologen, teils aus Sozialfürsorgern zusammengesetzt, den verängstigten oder vereinsamten Mitbürgern gegen mässige Besoldung Hilfsdienste leisteten. Da sie weder eine lange fachliche Ausbildung noch genügend praktische Erfahrung hinter sich hatte, schickte man ihr nur die leichtesten Fälle, meist ältere, alleinstehende Personen aus dem Mittelstand, von denen sie mir humorvoll berichtete — dabei deutete sie auch eigene Schicksalsschläge an, Andeutungen, deren Zusammenhänge mir später ihren Fall zu erklären halfen.

Ihre Berufsfälle hatten meistens Hunde, da diese anhänglicher waren als Katzen — entweder geschenkte, von Urlaubern vergessene oder zugelaufene Hunde mit vorläufigen Namen. Doch jedes dieser Tiere hatte einen Vorgänger gehabt, einen längst verstorbenen Hund, der unersetzlich war und dessen Name als einmalig, wie auf Goldgrund gemalt, im Gedächtnis des Besitzers weiterlebte.

Wie viele rührselige Geschichten es darüber gab! Bei ihrem verständnisvollen, geduldigen Nicken nahm man natürlich an, dass auch sie einen Hund oder ein Vorbild von einem Hund gehabt habe, mit dem eine Geschichte und traurige Erinnerungen verbunden seien — ein Grund mehr, weswegen sie besonders von Hundeliebhabern aufgesucht wurde.

«Wie heisst denn Ihr Armer?» fragte man sie, worauf sie kurz antwortete: «Muma, ein Zugelaufener.»

«Meiner hiess «Red, von redlich», sagte der pensionierte Buchhalter, «und er war unersetzlich.» Er seufzte und klopfte umständlich seine übelriechende Pfeife aus. «Kinder sind doch nur undankbar, wenn sie gross werden», womit er wohl meinte, dass er sich mit dem Verlust seiner Familie bei einem Bombenangriff im letzten Krieg abgefunden habe – «force majeur» nannte er es –, aber nicht mit dem Tod seines Hundes. Dieser sei beim Überqueren der Strasse, mit der zusammengerollten Zeitung adrett in der Schnauze, von einem Auto überfahren worden; der jetzige Hund, ein Cocker-Spaniel, heisse einfach Braun, nach seiner Farbe, und trage ihm nicht mehr die Zeitung zu.

«Welche Rasse ist Ihr Hund, ein Männchen oder Weibchen?» fragte ein anderer Fall, ein ehemaliger Museumsbeamter, der kunstbeflissen Hundebilder berühmter Maler sammelte und nicht nur seine Frau, sondern kürzlich auch ein Rassewindspiel namens Diana verloren hatte. Nun wollte er sich beraten lassen, ob er sich einen neuen, wenn möglich weniger kostspieligen Mischling zulegen solle. Dabei spielte ein pietätvolles Zögern mit, da seine verstorbene Frau Hunden gegenüber einen sehr wählerischen Geschmack bewiesen habe.

Als die Zuhörerin ihm kurz ihren zugelaufenen Mischling, eine Kreuzung von Spitz und Schnauzer beschrieb, meinte er lächelnd, so einen kenne er von einem flämischen Gemälde her, grau, drahthaarig und recht possierlich – von unbestimmter Rasse, seiner Meinung nach, und glaube sie nicht auch, dass Mischlinge weniger Scherereien machen? Er kaute nachdenklich an seiner erkalteten Zigarre und erzählte von seinen Sonntagswanderungen mit einer älteren, rüstigen Dame, die, obwohl sie ihm sehr sympathisch sei, leider nicht viel von Hunden halte; vielleicht seien auch eifersüchtige Gefühle im Spiel und deshalb die Rasse eines Hundes wohl unwichtig. «Was meinen Sie also zu einem Mischling?» sagte der Herr, räusperte sich umständlich und sah die Zuhörerin forschend an, während dicke Rauchwolken von der wieder angezündeten Zigarre aufstiegen.

Ob Mischling oder von Rasse, ein Hund sei wie ein Wechselbalg im Haushalt menschlicher Gefühle, war die etwas ungeduldige Antwort; man müsse bereit sein, sich auf allerhand Unerwünschtes gefasst zu machen, wie sie aus eigener Erfahrung wisse, und nun möge er sie entschuldigen, denn sie höre ihren Muma wieder einmal Schabernack auf dem Hof treiben.

Der Herr habe ihr verdutzt nachgeschaut, vertraute sie mir eines Abends betreten an, als sie dann, die Hände an die Ohren gepresst, eilig hinausgelaufen sei, und, wie schon einige Male vorher, die Sitzung vorzeitig habe abbrechen müssen.

«Passen Sie nur auf, dass Ihre Nachbarn ihm nichts antun», sagte bei einem solch hastigen Aufbruch eine blasse, ärmlich gekleidete Frau, die vor Jahren ihren Posten als Krankenschwester verloren hatte, nachdem ihr ein gelähmter Patient beim Baden in der Wanne fast ertrunken war. Seitdem sei sie nur noch zum Leichenwaschen gut, einc Tätigkeit, die vielleicht ihr unaufhörliches Rauchen erklärte. Selbst beim Reinemachen hing ihr die Zigarette aus dem Mundwinkel, und verstreute Asche lag auf dem Boden, den sie gerade aufgewischt hatte. Obwohl der Zuhörerin gerade bei diesem Fall Zweifel an ihrer Berufswahl aufzusteigen begannen, hatte sie die Sitzungen aus Mitleid mit der armen Person fortgesetzt, ohne Geld anzunehmen. Dafür säuberte ihr die Frau einmal wöchentlich die Wohnung, denn sie wolle nichts «für umsonst» haben – für umsonst sei nur der Tod –, und dabei blickte sie die Zuhörerin misstrauisch an, die auf ihre Dienste gern verzichtet hätte.

Auch die Leichenwäscherin hatte von einer Hundetragödie zu berichten. Böse Nachbarn hatten vor vielen Jahren ihren Wulf, einen grossen, deutschen Schäferhund, vergiftet, und das nur wegen seines nächtlichen Bellens auf dem Hof, dabei hatte er niemandem etwas angetan, denn Hunde, die bellen, beissen nicht, das wisse doch jedes Kind. Vielleicht wäre es nicht geschehen, wenn sie ihn statt in der Hundehütte im Haus hätte schlafen lassen. Aber Hunde gehören doch nicht ins Haus – und uneheliche Kinder auch nicht –, das habe sie ihrer Tochter ins Gesicht gesagt, und dann habe sie diese nie wieder gesehen, und was aus dem Kind geworden, wisse sie auch nicht.

Als der Vorschlag, sich doch mit der Tochter auszusöhnen, stets auf Widerstand gestossen war, schlug ihr die Zuhörerin vor, es doch vorläufig wieder mit einem Hund zu versuchen, keinem grossen natürlich, er könne ja dann im Vorraum schlafen; es sei schon besser, etwas Lebendiges in der Nähe zu haben, wie sie aus eigener Erfahrung wisse.

«Meinen Sie wirklich?» hatte die blasse Frau wiederholt gefragt und sich nervös wohl schon die zehnte Zigarette angesteckt. Doch als bei der letzten Sitzung die Zuhörerin nur müde genickt und mit der üblichen Entschuldigung aus dem Zimmer hatte eilen wollen, um nach Muma zu sehen, der wieder einmal auf dem Hof sein Unwesen treibe, war die blasse Frau gehässig geworden und hatte sich ihr in den Weg gestellt. Warum sie ihn denn immer draussen lasse, schrie sie ihr ins Gesicht; wohl um ihn loszuwerden?

Ob es an dem verrauchten Zimmer lag oder an ihrer wachsenden Unfähigkeit, Geduld und Gleichgewicht zu bewahren, eine der eisernen Regeln ihres Berufes, – was auch immer der Grund war, die Zuhörerin fühlte sich immer häufiger gezwungen, ihre Sitzungen zu unterbrechen, und das gerade in Augenblicken, wenn ihr Eingreifen besonders erforderlich war. In jenen Tagen klagte sie mir immer häufiger ihr Leid. Sie brauche am Ende eines ermüdenden Tages nur einen Blick in den Spiegel zu werfen, um zu sehen, dass etwas nicht stimmte. Zweifel an ihrer Berufswahl, an den Absichten, die sie dazu bewogen hatten, mehrten sich, und mit den Zweifeln setzten heftige Kopfschmerzen ein. Sie vermochte dann nicht länger zu unterscheiden, ob die störenden Geräusche, die die Kopfschmerzen begleiteten, von drinnen oder von draussen kamen. Sie verfolgten sie selbst in die Abendstille des leeren Empfangszimmers. Manchmal klangen sie wie das Echo von fernen Stimmen, dann wieder wie ein Winseln und Jaulen, anklagend und vorwurfsvoll – wie aus einem fernen Hundezwinger –, manchmal gar wie ein warnendes Knurren an der Tür, und letzthin schien es geradezu aus der Ecke des Zimmers zu kommen, dort wo das Bild hing, das einzige Bild an den sonst absichtlich kahl gehaltenen Wänden. Es war das Abschiedsgeschenk des Herrn mit der Zigarre gewesen, der sich statt zu einem Hund zur Heirat mit der sympathischen, alten Wandergefährtin entschlossen hatte.

«Das habe ich Ihnen zu verdanken, Ihrer Skepsis gegenüber der Hundewahl; sonst hätte ich mir so einen angeschafft»; er schmunzelte, als er das Bild, Oktavformat im Goldrahmen, vorsichtig aus der Hülle von rosa Seidenpapier wickelte.

«Habe ich Ihnen nicht gleich versichert, dass ich ihn schon gesehen habe, ihren kleinen Muma?» Sie hatte betroffen auf den gemalten Hund geschaut, der, die kurzen Beine fest auf gemaserte Holzdielen gestellt, mit aufgehobenem Schwanz aus runden, glänzenden Augen auf sie zurück starrte, als ob er sie anknurren wolle.

Ja, bewacht hat er seinen Herrn besser als ich, muss sie damals gedacht haben, als sie für das Geschenk dankte und dann hinzufügte: eigentlich sehe er Rosina ähnlich, einem Schnauzer, den sie vor vielen Jahren einmal besessen habe; und dabei sah sie ihn wieder vor sich, wie er neben ihrem Mann daherspazierte, in seiner ruhigen, gravitätischen Gangart, die ihm wohl den Namen ihrer Lieblingstante, Rosina, eingetragen hatte. Der Herr bestand noch darauf, das Bild eigenhändig in der Ecke des Zimmers aufzuhängen; da störe es niemanden, und sie brauche einen Schutzpatron, der an einem soliden Nagel hange.

Sie hatte ihn hilflos gewähren lassen, als ob etwas Unvermeidliches nicht länger aufzuhalten sei, doch gleich nach seinem Weggang beschlossen, sich von dem gemalten Hund so bald wie möglich zu befreien. Auch damals, nach dem plötzlichen Tod des Mannes, hatte sie den Anblick Rosinas nicht länger ertragen und den knurrenden, nach ihr schnappenden Hund in seinem Körbchen mit einem seiner geliebten Stoffetzen zum Tierschutzverein getragen, ohne sich um sein weiteres Schicksal zu kümmern. Es war ihr schwer gefallen. Mit dem Bild würde es einfacher werden.

Nachdem sie einige Tage dem feindseligen Blick der runden, gemalten Hundeaugen und den störenden Geräuschen aus der Zimmerecke widerstanden hatte, muss sie es eines Abends nicht länger ertragen haben. Das Hundebild in seiner rosa Seidenpapierhülle trug sie, als sei es ein kleiner Kindersarg, zur Begräbnisstätte, einer Schutthalde am Ende der langen Vorortsstrasse.

In der Dämmerung schien das Gras und Kamillenkraut, das den Grossstadtabfall überwucherte, eine friedliche Wildnis vorzutäuschen, eine abgeschiedene Welt des Vergessens, und das gab ihr den Mut, das kleine Paket mit einem weiten Schwung von sich zu werfen. Dabei musste es wohl auf eine der verrosteten Schienen gefallen sein, die von einer früheren Vorortsstation auf der Halde liegengeblieben waren. Sie hörte das Glas splittern, und dann kamen sie zurück, die ungewollten Erinnerungen, als ob ein Damm durchbrochen wäre und eine tosende Welle über ihrem Kopf zusammenschlüge.

Sie presste die Hände an die Ohren und hörte es doch wieder nach all den Jahren: das Klirren des Fensters, das jämmerliche Jaulen des Hundes, darauf das unerbittliche Schweigen, das dem Sprung gefolgt war, einem Sprung aus dem sechsten Stock, mitten durch das geschlossene Fenster, dessen Glas er mit geballten Fäusten musste eingeschlagen haben. Nur der Hund war dabeigewesen, hatte ihn wohl an der Jacke zurückhalten wollen. Als sie auf sein Winseln hin aus dem Nebenzimmer herbeistürzte, fand sie ein Stück der karierten Hausjacke zwischen seinen Zähnen. Und statt zum Fenster zu gehen, hatte sie an dem Fetzen zu zerren begonnen, und je mehr sie zerrte, desto störrischer hielt der Hund daran fest, als wolle er ihn nie mehr hergeben. Ohne einen Laut – die runden Augen vorwurfsvoll auf sie gerichtet – biss sich sein Schweigen in sie hinein, beharrlich, mit kleinen scharfen Zähnen.

«Wenn er doch wieder bellen würde!» murmelte sie ununterbrochen wie damals und liess sich nur widerstrebend zum Ambulanzwagen führen, den Nachbarn herbeigeholt hatten, nachdem sie die ganze Nacht auf der Eingangstreppe sitzengeblieben war. «Es tut weh; loslassen, kleiner Hund!»

«Keiner von diesen Leuten weiss etwas von einem Hund», sagte nervös der jüngere Sanitäter und wandte sich an mich, nachdem er von den herumstehenden Hausbewohnern nur widerspruchsvolle Auskünfte eingeholt hatte. Ich schüttelte den Kopf und wusste nicht, was da zu sagen war. Der ältere Sanitäter zuckte mit den Achseln. «Wer kann da schon wissen, was vorgegangen ist. Nach ein paar Beruhigungsspritzen wird es sich vielleicht herausstellen.»

Der Jüngere hob verlegen einen kleinen, karierten Stoffetzen auf, der bei dem Hin und Her aus der offenen Handtasche der Frau gefallen war. Als ich ihn ihr reichte, liess sie sich auf einmal willenlos in den Wagen heben und lächelte – wie erlöst.

ATEMHOLEN

Es gibt Zimmer, die so voll von vergangenem Atem sind, dass man zu ersticken glaubt und hinaus – nur hinaus möchte; andere Zimmer wiederum, die nach Armut riechen, weil man das bisschen Wärme nicht hinauslassen will, das vom Ungelüfteten kommt, und aus Mitgefühl harrt man ein wenig länger aus, als man plante. Und dann die Küchenzimmer, in denen gekocht, gegessen und gelebt wird, die mit ihrer Robustheit zwar bedrängen, doch Überraschungen bergen, da sie voller Energie sind, die einem Lust machen zu rennen, in die Weite zu rennen und nicht damit aufzuhören, bis man tief Atem schöpfen muss.

Gekannt habe ich die meisten dieser räumlichen Geruchsvariationen, doch zwei davon stehen in einem unvergesslichen Zusammenhang, wobei eine viel spätere Variation mich plötzlich mitten in ein Jugenderlebnis zurückversetzt hat.

Das Zurück geschah in der kleinen Villa meiner italienischen Tante, ganz unvermutet, nachdem ich versprochen hatte, zumindest eine Nacht in ihrem Haus zu verbringen, um ihr über das Alleinsein nach dem Tod ihrer Schwester hinwegzuhelfen.

Das Häuschen stand am Rande der Stadt, war mit den Ersparnissen der beiden unverheirateten Lehrerinnen erbaut, mit staatlichem Zuschuss aus der Vor-Zementzeit, was einige Verzierungen wie Fensterbogen, Balkonsäulchen und sogar ein Berceau im Garten gestattet hatte – in dem kargen und unfrohen Leben der Schwestern ein fast leichtsinniger Luxus, der nur mit äusserster Schonung des ganzen Besitztums gutzumachen war.

An dem verabredeten Tag, einem neblig feuchten Novemberabend, zwängte ich mich durch den engen Hauseingang, den die Tante eigens in die stattliche Holztür hatte einsägen lassen, um den Rest davon zu schonen. Es war, als ob man in eine kleine, belagerte Festung geraten sei: drinnen alles verdunkelt, man stolperte über aufgerollte Teppiche und glitschige Steinfussböden, die mit einer streng riechenden Lauge gewaschen waren. Im Schlafzimmer der Verstorbenen, in dem ich die Nacht zu verbringen hatte, nur eine kleine Nachttischlampe, deren Glühbirne ein vergoldeter Gipsmohr neckisch in die Höhe hielt; der Mohr, Beute einer ihrer rebellischen Expeditionen zum Flohmarkt und vielleicht auch heimlicher Gefährte ihrer erträumten Reisen, von denen sie, nach ihren Erzählungen zu schliessen, das Ziel nie richtig gewusst hatte.

Leider war das Licht zu trübe zum Lesen oder gar um die Illusion von Wärme zu geben, die dieses selten durchgeheizte Haus so nötig brauchte. Alles war feucht, der kleine, zerfranste Bettvorleger und die Leintücher. Im Schlaf pressten sie sich fester und fester an mich und machten die Gegenwart der Toten immer spürbarer, ihre unerfüllten Wünsche, die sich jedes Mal beim Lichtmachen in die dunklen Ecken verkrochen, als ob ihnen der erhobene Arm des Mohren nicht länger zuwinke, sondern Halt gebot.

Früh morgens hielt ich es nicht länger aus, riss das Fenster trotz des dichten Nebels auf und holte tief Atem. Von unten aus der Küche stieg ein Geruch von Kaffee und Polenta auf, warm und vielversprechend.

Und da geschieht es: plötzlich stehe ich wieder an der Schwelle der Arbeiterküche in Hamburg, erwartungsvoll, eine neugierige Halbwüchsige, der die Hausgehilfin Anna versprochen hatte, sie mit ihrem begabten Bruder bekanntzumachen, einem vielversprechenden Dichter und Maler; die Küche voller Essensdunst von Kartoffeln, Gepökeltem und auf dem eisernen Ofen in der Ecke einer grossen Kaffeekanne aus Emaille; «Malzkaffee mit ein paar echten Kaffeebohnen», erklärt die Mutter und reicht mir eine grosse Tasse, aus der es dampft. Dann kommen die Brüder, einer nach dem anderen, wieviele merke ich vor Aufregung nicht, einer im blauen Hemd mit rotem Schlips und kurzen Manchesterhosen – gehört zur sozialistischen Jugendbewegung; der Vater mit grauem Schnurrbart, humpelt, Kriegsinvalide, doch mit kräftigen Armen, die ihm geholfen haben, in der Irrenanstalt Arbeit zu finden, in der Abteilung der Zwangsjacken. Der Essensdunst betäubt mich nach der kalten Novemberluft. Endlich tritt der Künstler ein, er hat glatte, blonde Haare und rote Backen wie die Brüder, doch etwas Fiebriges in den Augen, auch scheint er kleiner als die anderen und etwas verwachsen. Er kommt vom Aktzeichnen, hat schon gegessen und führt mich gleich in das Zimmer nebenan; eine Tischlampe beleuchtet einen Stoss von Zeichnungen und Regale voller Bücher, in der Ecke zwei Feldbetten, auf dem einen eine Klampfe.

Wir besehen seine Zeichnungen, Akte und Portraits, manche auf ganz wenige Striche reduziert, dabei doch ausdrucksvoll. Durch die Ritzen der geschlossenen Küchentür dringt der Geruch von Essen, aber vermischt mit dem der Bücher wird er diskreter. Der Junge nimmt ein Buch aus dem Regal: «Hier», sagt er, «das leih ich Ihnen, Walt Whitman, ein Amerikaner aus dem vorigen Jahrhundert», und zeigt auf das Bild des Autors; ein Barde mit vollem Bart. «Er pflegte Verwundete im Bürgerkrieg, junge Männer, er liebte die Weite – *Leaves of Grass* – der Titel seiner Gedichte. Sie sind wie Gesänge – man riecht in ihnen die Prärie, man hört den Wind, Trommeln in der Ferne, Stöhnen der Verwundeten – man möchte hinauslaufen, tief Atem holen und wieder laufen.» Er hustet und seufzt, als er mich zur Tür bringt. Ich möchte ihm die Hand reichen, doch er winkt nur zum Abschied. Zum ersten Mal, dass mir eine Hand auffällt, vielleicht wegen des seltsamen Ringes, der langen Finger, kräftig doch knochig.

Draussen schneit es ein wenig. In den Schatten der Abenddämmerung scheint alles unentdeckt und neu. Ich klemme das Buch fest unter den Arm und beginne zu laufen, hole tief Atem und laufe weiter, mit der festen Absicht, später in die Ferne zu laufen, so weit ich kann. Was zwar anders als ich es mir vorgestellt, aber dann doch geschehen ist.

LA PEPERONATA

Es war auf einer jener späteren Zwischenstationen im Leben, wo man weniger erwartet als abwartet und beobachtet, dass wir mit einem jungen, italienischen Kollegen eine kurze, doch erinnerungsreiche Freundschaft schlossen; er, ein Einzelgänger in jener Schweizer Schule für privilegierte Kinder mit Problemen, war stets scheu und gedrückt und hatte es wohl schwerer als wir Ehepaare, mit den komplizierten Verwöhntheiten der Schüler und mit der profiteifrigen Direktion fertig zu werden.

Oft stand er am Fenster, ganz versunken in den Anblick des Sees und der hohen Bergspitzen gegenüber, als ob er Zwiesprache mit ihnen halte. Und mit Zwiesprache ganz eigener Art hatte es wohl zu tun, dass ich bei einem gemeinsamen Ferienaufenthalt im Engadin meine Angst und Schwindelgefühle vor steilen Felsen und Abhängen überwand, zumindest für die Dauer kurzer Klettereien mit ihm.

Jedes harte Gestein verlange Geduld – so belehrte er mich –, wenn nicht gar Zärtlichkeit, denn je härter der Fels, desto schmiegsamer müsse sich der Körper ihm anpassen; jeder Fusshalt sei dabei wie ein Grübchen auf einem selten lächelnden Antlitz und müsse dankbar ausgenützt werden – und dürfe bei plötzlichem Gewitter beileibe nicht aufgegeben werden, bevor andere nahe und vielleicht noch lieblichere Grübchen grössere Sicherheit versprächen – und von dort sei dann mit Geduld das Ende des Unwetters abzuwarten. – Geduld, vor allem Vertrauen und Geduld, wiederholte er wie eine Beschwörung.

Vielleicht verdichte ich im nachhinein seine Ausdrucksweise, die so entfernt von jeglichem Bergsteigerjargon war; dazu kam noch seine Gleichgültigkeit gegenüber Seil- und Kletterhaken, die in seiner Zwiesprache mit den Bergen keine Rolle spielten.

Wenn wir auf schmalen, doch nicht zu steilen Fussstegen entlangzogen, flog er – in seinem weissen Hemd wie ein Schmetterling anzusehen – hoch über uns daher, über weglose Abhänge, und winkte uns von oben übermütig zu. Nachher erzählte er, wie er sich in diesen oder jenen Hang verguckt habe, jeden mit einer anderen

Art sich zu neigen oder sich emporzurecken. Bald wussten wir nicht mehr zu unterscheiden, ob er Hänge oder Mädchen meinte, denn er hatte den gleichen spähenden Blick, wenn er die einen oder die anderen anpirschte. Bei den Mädchen handelte es sich um ein paar bäuerliche Verkäuferinnen in einem Bäcker- und Gemüseladen, die er von unserem Logies aus beobachtete. Je härter und abweisender ihre Züge, desto schärfer sein Blick – dabei hatte er eine Art, seine tiefliegenden Augen zusammenzukneifen, dass man nie recht wusste, ob sie Spass oder Traurigkeit verbargen.

Sicher handelte es sich bei seinen Flirts nur um kurze Wortwechsel, denn in jener Zeit kam er noch nicht los von dem plötzlichen Tod seiner Eltern bei einem Autounglück. Ein Verlust, der sich in allerhand Erinnerungen häuslicher Art Luft machte. – Keiner verstand wie seine Mutter Peperonata zu kochen – erzählte er uns; nur sie wusste etwas ganz Besonderes aus diesem lustigfarbigen Gemüse herauszulocken – und er schloss die Augen und holte tief Atem: das ganze Haus durchzog es dann, ähnlich wie wenn sie Mozart oder Debussy auf dem Klavier spielte. Und er versprach uns feierlich, dieses einzigartige Gericht am Vorabend unserer Abreise zu kochen.

Erwartungsvoll trafen wir also am verabredeten Abend in unserer Bauernküche ein, doch die Peperoni lagen noch unversehrt auf dem dunklen Holztisch – und von unserem Freund keine Spur. Als er dann endlich heimkam, erhitzt und aufgeregt über eine besonders schwierige, doch attraktive Hangkletterei, war es viel zu spät zum Kochen, und unser Abschied löste sich in Enttäuschung auf.

Später hörten wir noch hier und da von ihm, zu seiner Peperonata jedoch ist es nie gekommen; dafür blieb uns sein Versprechen um so unvergesslicher – verlockend und ungekostet.

DIE SCHIEFWINKLIGEN

All diese Trennungen in meinem Leben! Trennungen, rasch und schneidend wie Amputationen oder langwierig in friedlichen Wohnzimmern – Trennungen, denen ich beiwohnte – ein ganzes Museum davon, jedes Stück mit einer Anschrift, worunter eine in meiner Erinnerung zur Fabel geworden ist, der Fabel vom schiefwinkligen Paar, dessen langsame Agonie sich nicht ungehört verflüchtigen soll.

– «Habe Vertrauen zu dir und fürchte dich nicht.» Mit diesen Worten hatte er sich von ihr verabschiedet, als sie zu ihrer Operation abreiste; sie waren in ihrem Kopf hängengeblieben, etwas beziehungslos wie eine Lichtreklame, die dann plötzlich, als man ihr die Augen verband, ganz nahe vor ihr die Dunkelheit durchschnitt.

Ohne Betäubungsmittel war der Schnitt so schnell und scharf gekommen, dass sie sich hinter ihrer Augenbinde kaum über den Vorgang klar geworden war. Der Schmerz stellte sich erst später ein, ein dumpfer Schmerz, der manchmal zu betäubendem Dröhnen anschwellen konnte und sie ständig bedrohte, längst nachdem sie mit ihm umzugehen wusste und die Etappen und Einzelheiten der weiten Reise vergessen hatte. Doch an einiges erinnerte sie sich noch, wie zum Beispiel an das drollige Rasseln und Schnurren des kleinen Weckers im rotledernen Etui, das sie zu frühzeitigem Aufbruch mahnte; an das vertraulich tickende Wispern ihrer Armbanduhr auf den langen Nachtfahrten mit Zügen, Schiffen und von Maultieren gezogenen Karren; an das Erschrecken, als sie auf der Rückreise den Verlust dieser treuen Gefährtin bemerkte, an einem frostig-nebligen Herbstmorgen, und ihr dabei wieder die Gründe bewusst wurden, die sie zu einem solch riskanten und langwierigen Unternehmen bestimmt hatten.

An einem ebenso grauen Morgen hatte es mit einer Halsverrenkung bei ihm angefangen, einer seiner vielen vorübergehenden Unbehagen, so schien es ihnen damals, an die sie sich beide in ihrem langen Zusammenleben mit Humor gewöhnt hatten. Aber das Scherzen über seine wie lauschend anmutende Haltung – bedingt durch den schief zur Schulter geneigten Kopf

– verging beiden, als sich die Verrenkung als beharrlich erwies und ihn tagein, tagaus überallhin verfolgte; zu seinem Arbeitstisch in der Stadtbibliothek, zu seinen Begegnungen mit Kollegen und Publikum, Kontakten, die bei ihm statt freundlich oder unverbindlich nun in einem mürrisch gekränkten Ton endeten; ja, selbst ihre geliebten Abendkonzerte vergällte sein Unbehagen. Ärzte, Arzneien, Freunde, Wohnungen, Schlaf- und Essgewohnheiten wurden in rascher Reihenfolge gewechselt, aber nichts half. Reisen wurden angeraten, aber nach anfänglicher Erleichterung kamen die Folgeerscheinungen seiner Halsverrenkung nur um so stärker zurück, wobei sich der verschobene Blickwinkel als die unangenehmste herausstellte. Vertraute, alltägliche Gegenstände schienen ihm jetzt schief und bedrohlich. Während andere Menschen sich ohne Schwierigkeiten rings um ihn auf ihre Sitze niederliessen, lauerte ihm sein Arbeitsstuhl boshaft im schiefen Winkel auf, und das Sitzen wurde ihm zu einer lächerlichen Demütigung. Sogar die Bücher, die ihm sonst wie Tauben zum Füttern in die Hand geflattert kamen, entzogen sich nun seinem geübten Griff und stürzten mit verknitterten und zerfetzten Seiten zu Boden. Wenn er sie dann so elend – wie mit gebrochenen Flügeln – daliegen sah, kamen ihm die Tränen in die Augen, und er entschloss sich auf ihr Betreiben, einen Krankenurlaub zu nehmen.

Aber selbst in der umfriedeten Vertraulichkeit ihres Wohnzimmers ging es ihm nicht besser, und er konnte sich dort das Leben nur erträglich machen, indem er Stunden damit verbrachte, alles aus seiner gewohnten Ordnung zu reissen, um damit seiner Verzweiflung zuvorzukommen.

Ihrer beider Zusammenleben wurde unmöglich, und sie beschlossen, nicht länger Ärzte, sondern Heilkundige zu befragen. Auf diese Weise gelangten sie zu den Gleichgewichtskundigen, um die sich eine Schar Schiefwinkliger gesammelt hatte; eine Minderheit wohl, doch eine privilegierte und zukunftsträchtige, die – nach den Lehren der Gleichgewichtskundigen – durch ihr Leiden der inneren Ausgewogenheit aller Dinge viel näher rückten, als die Gradwinkligen es je imstande wären. Allerdings sollten diese bekehrt werden, aber der dabei angewandte Wahlspruch der Schiefwinkligen: «Hab Vertrauen zu dir und fürchte dich nicht» – hatte nur für die schon Eingeweihten einen Verkündigungswert, für ihre Angehörigen klang er wie einer der vielen, billigen Ratschläge, die aus freundlicher Gleichgültigkeit oder bestenfalls ratloser Weisheit gegeben werden und nicht weiterhelfen.

Unter den Eingeweihten, die wie er durch zufälliges Ungeschick und nicht durch Geburtsfehler zu der Gruppe der Schiefwinkligen gestossen waren, gab es einen radikalen Flügel, die sogenannten Schiefwinkelsüchtigen, die jede Heilungsmöglichkeit als Verrat an der Zukunft angriffen und als einzig wirksames Bekehrungsmittel für die Gradwinkligen auf eine Operation anspielten, die auf ergebene Angehörige, besonders Mütter und Ehepaare oder Lebensgefährtinnen eine gewisse Wirkung ausübte.

Diese Operation – eine Halsverdrehung oder gar ein Schnitt – war nur wenigen westlichen Heilkundigen bekannt, und diese führten ihre Kenntnisse auf taoistische Gleichgewichtskundige chinesischer Schulung zurück, zu deren Vorbildern ein Schlächter aus der Wen-Hui-Ying-Dynastie gehörte. Dieser soll die Tiere so schmerz- und gewaltlos zerschnitten haben, indem er durch den innersten Hohlraum ihres Gliedergefüges blitzschnell mit dem Messer glitt, ohne dass ein Tropfen Blut an der

Schneide hängenblieb, dass – gemäss einer buddhistischen Auslegung – die geschlachteten Tiere sich ihres Todes erst in einer späteren Existenz bewusst wurden.

Nach monatelangem Kontakt mit den Schiefwinkligen, deren doktrinäre Gewissheit, dass ihnen die Zukunft gehöre, keinerlei Heilungserwartungen aufkommen liess und nach einem weiteren Monat stillen Nachdenkens miteinander, wie sie nur durch diese Operation wieder zueinanderfinden würden, entschlossen sie sich endgültig dazu, obwohl man durchblicken liess, dass ein solcher Eingriff nicht rückgängig zu machen sei. Und es war das Gefühl des Unwiderruflichen, das sie beide in einen einzigartigen Zustand fiebriger Gläubigkeit und Zuversicht versetzte, so dass er sie, um bis zum letzten Moment mit ihr davon zu kosten, sogar auf der ersten Etappe ihrer Reise begleitete. Als er sich dann am Grenzbahnhof mit dem zur Verkündigung gewordenen Wahlspruch der Schiefwinkligen verabschiedete, spürte sie zum ersten Mal etwas wie Zuversicht durch diese Worte schimmern und winkte ihm lächelnd noch vom Schiff zum nebligen Ufer hinüber.

Es war diese Zuversicht, die sie auf weitere Monate hin unermüdlich den Spuren der nur vom Hören und Sagen Wissenden folgen liess, bis sie dann endlich auf der Hochebene vor dem kleinen, weissgetünchten Lazarett stand, das mit seinem dichtgeflochtenen Bambuszaun eher einem Bauerngehöft glich.

Die Rückreise war noch länger und mühsamer als die Hinreise, da sie sich nun an die peinlichen Unbequemlichkeiten des schiefwinkligen Gesichtsfeldes gewöhnen musste. Wie aufreibend auch die Maultiertransporte gewesen waren, so hatte sie doch in jenen einsamen Landstrichen kaum Zeugen ihres peinlichen Manövrierens beim Hinsetzen getroffen, wobei sie oft ein schmerzliches Grimassieren nicht unterdrücken konnte. Später, in bewohnteren Gegenden, hing sie stundenlang in Bahnhofshallen herum, um leeren Zügen abzupassen.

Den Kopf leicht zur Schulter gebeugt, mit steifem Hals und stolzem Lächeln, fuhr sie dem Wiedersehen entgegen. Wichtig war ihr nicht, was man sah, sondern der Blickpunkt, unter dem man die Dinge erlitt – ein Leiden, das die Harmonie ihres Zusammenlebens wieder herstellen würde. Mit jedem Kilometer im ratternden Zug vertiefte sich ihre schwererkaufte Vorfreude.

Als sie in ihre Strasse einbog, fielen die Kastanien von den Bäumen und platzten braun und leuchtend aus ihrer grünen, stachligen Hülle. Es war wieder Herbst geworden.

Er stand an der Haustür, wartend, den Kopf hoch und gerade aufgerichtet. «Ich bin wieder der Alte», strahlte er sie an. Sie versuchte den Kopf in die Höhe zu rücken, ein schneidender Schmerz am Hals hinderte sie daran, und dann spürte sie wieder das dumpfe Dröhnen, hörte den Wind im Bambuszaun, die raunenden Stimmen, als man ihr die Augen und später den Hals verband.

«Hab Vertrauen zu dir und fürchte dich nicht — erinnerst du dich nicht mehr?»

«Ja, das ist schon lange her — aber komm herein und lass dir erzählen» — und er versuchte sie auf einen Stuhl herunterzuziehen.

Aber sie rührte sich nicht und hörte ihm nicht mehr zu, denn was immer geschehen war, ging sie nichts mehr an.

Sie mussten sich wohl in einem anderen Leben getroffen haben.

SCHLÜSSEL II

Der grösste Schlüssel in der Schublade: der wird zu meinen Lebzeiten nicht weggeworfen, obwohl es auch für ihn keine Tür mehr gibt. Sie war wirklich ein Tor, ein grosses Holztor, und dahinter ein altes, florentiner Landhaus, von Olivenbäumen umgeben, mit einer grossen, dunklen Bauernküche, darin ein riesiges Abwaschbecken und beim Spülstein oft eine Nacktschnecke, wohl vom Salatwaschen übriggeblieben, nicht immer dieselbe, doch zugehörig zu der feuchten Permanenz dieses Raumes; draussen die vibrierende Hitze und Zikaden eines späten Sommernachmittags. Ich kam stets um dieselbe Zeit vom Zug, alles schlief noch; nicht vor 6 Uhr würde ich die Herrin des Hauses auf der Terrasse antreffen – mit ihrem Chignon und schweren, silbernen Ohrringen, über ein Kreuzworträtsel gebeugt.

Wie grau ihre schwarzen Haare geworden waren, und die Freude, wenn ich die tiefe, rauhe Stimme hörte, die so oft donnern konnte, vielleicht nur, um nicht aus der Übung zu kommen. Ihre Rolle als Schauspielerin wäre die einer herrischen Frau in einer Ibsenschen Tragödie gewesen. Wohl zu stolz und ungeduldig, um ihre Karriere in einem Provinztheater zu beginnen, hatte sie es vorgezogen, die absolute Herrschaft im Hause zu führen, das sie in eine Pension für ausgewählte Gäste umgewandelt hatte. Dies erlaubte ihr, als Witwe, mittellos von einem deutschen Spielergatten zurückgelassen, ihre zwei Kinder bestens zu erziehen.

Da bist du ja, mein Affenschwanz, und sie winkte mir, ihren Bleistift wie eine Fahne schwingend, energisch entgegen. «Mach dir's bequem und eine Tasse Tee, auch für mich. Du kriegst das Zimmer mit San Miniato vor der Nase, und wenn's dir nicht ausgeht mit dem Geld, kannst du mir das nächste Mal zahlen.»

Das Zimmer mit Aussicht auf die Kirche San Miniato war für Vorzugsgäste, zu denen ich nach häufigen, wenn auch kurzen Besuchen avancierte. Nach dem Krieg wurde es in Italien mein zweites Zuhause – und zu jeder Jahreszeit mit «San Miniato vor der Nase», dieser anmutigen, schwarz-und-weissen Marmorarchitektur, flimmernd in der Sommerhitze, scharf profiliert, wenn der winterliche Wind

Tramontana blies und der Himmel unbestechlich klar und kalt war.

«Und zahlen kannst du das nächste Mal», und eines Tages gab es kein nächstes Mal. Die Beine hatten ihr schon längst versagt auf dem steilen Pfad, der zum Belvedere hinaufführte. Sie ass immer weniger und trank dafür in der Früh schon einen Grappa. Ihre rauhe, tiefe Stimme wurde immer schwächer. «Eine nichtssagende Schwäche», murmelte sie, als ihr das Blatt mit dem Kreuzworträtsel aus den Händen glitt.

Ich stand vor dem Gartentor; dessen Schloss war herausgerissen, und durch die grossen Spalten sah man Maurer, die in der Küche arbeiteten. Ein Apotheker hatte das Haus gekauft, der für Küche und Badezimmer hygienischen Komfort wollte, Komfort, den die frühere Herrin und die Vorzugsgäste ihres Hauses verachtet hatten – ein Grund mehr dafür, dass ich sie heimlich zu meiner Grossmutter ernannt hatte.

Die Landschaft vor dem Fenster «mit San Miniato vor der Nase» war nicht länger selbstverständlich, ein Geschenk an mich; sie gehörte dem Tourismus und den Ansichtskarten.

Fröstelnd lief ich den Hügel abwärts, doch nicht ohne noch einmal zurückzublicken – wie um Trost zu suchen an diesem traurigen

Herbstnachmittag. Und plötzlich sah ich hinter den Hügeln der Toskana eine andere, strengere Landschaft auftauchen, vor dem Fenster eines Bauernhauses in Süd-Frankreich – und hinter den Hügeln die Berge der Pyrenäen und dichten Herbstnebel – und den warmen Ziegelstein, in Zeitungspapier eingewickelt, den mir die Bäuerin abends ins Bett legte, ein Eisenbett mit vielen Decken, doch ohne Laken – und den Brief von ihrem Sohn in deutscher Gefangenschaft, den ich ihr übersetzte, meist Vorgedrucktes, doch ungelenk hinzugefügt stand, dass er dem Bauer bei der Kartoffelernte helfe. Und es klang so beruhigend und selbstverständlich, als ob nicht schon halb Frankreich besetzt und die Gestapo mit Foltern und Deportation begonnen hätte – und eine Zeit anbrach, in der nichts mehr selbstverständlich war.

NOVEMBER, ALLERSEELENTAG

Wieder November, Allerseelentag und Friedhofsbesuche. Es dunkelt schnell, und wir müssen uns beeilen, bevor der Friedhof geschlossen wird. Mein Mann steht auf der Leiter, und ich reiche ihm die Vase mit Blumen hinauf zum Colombariograb – so heisst in Italien die tief in Mauern eingelassene Nische für den Sarg – viele Stockwerke davon.

Und wieder läuten die Glocken, läuten oft im November. Die Töne fallen langsam und einzeln, gefrorene Tropfen von Zeit, die auf einmal stillsteht, Jahre zurück. Stadt und Friedhof noch klein und umfriedet, das Haus noch ungeheizt, mit Backsteinöfen, – laute Stimmen aus der Küche, die helle Stimme fast triumphierend: «. . . und wenn es nicht für die Toten wäre, für was lebt man dann?» – Und dann die heisere Stimme von Tina, der Aushilfe mit dem steifen Bein, das trotzig aufstampft bei jedem Schritt: «Die Toten machen mir nur Angst, es wird sich schon jemand um sie kümmern, auch ohne mich.» «Porca miseria!» Das ist Giacomo, der Kleinholz zum Einheizen bringt und dafür ein Glas Wein bekommt: er wolle seine Familie weinen hören bei seiner Leiche, nicht nur, wenn er betrunken sei.

Ich höre jedes Wort ganz nah, als ob nicht ein breiter Korridor und geschlossene Türen zwischen uns lägen. Wahrscheinlich wird jedem wärmer beim Lautsprechen, auch von innen. Selbst beim Zuhören spüre ich es, im Bett mit Grippe. Schon manches habe ich gelernt in diesem kargen Nachkriegsjahr, meinem ersten in Italien, darunter auch das tröstlich Irritierende lauter Stimmen.

Und nun kommt die helle Stimme zu mir ins Zimmer, sie gehört meiner Schwiegermutter. Ich tue ihr leid, sagt sie, November sei solch ein geselliger Monat, und warum dann im Bett krank sein, wenn man nicht im Sterben liege. Jeden Abend ist sie eingeladen nach den Friedhofsbesuchen. Man betet den Rosenkranz, isst geröstete Kastanien und ein trockenes, mit Anis gewürztes Gebäck, «ossa dei morti», Totenknochen genannt.

Ihr Mann hat sich nach Spielschulden erschossen und sie noch jung mit zwei kleinen

Knaben verarmt zurückgelassen; dann starb der jüngste Liebling dreizehnjährig an Typhus, kurz nach Kriegsende.

– Mio caro – steht auf seiner Grabplatte, und es liest sich wie ein Aufschrei. Man muss zu seinem Colombariograb viele Reihen auf der Leiter übersteigen, denn es war kein Geld da, für einen bequemeren Platz.

All diese traurigen Einzelheiten werden von ihren Freunden als ein passives Verdienst angesehen, und man verwöhnt sie dafür, was sie sich gern gefallen lässt. Von jeder Einladung kommt sie spät abends beladen zurück mit Früchten und Kuchen, darunter natürlich auch den Totenknochen, die sie getreulich mit mir teilt.

Mein Mann unterrichtet aushilfsweise in einer Schule in den Bergen und kommt erst abends spät zurück; so sind seine Mutter und ich aufeinander angewiesen und versuchen, in Gesprächen uns zu nähern, was nicht immer glückt.

Unvergesslich ihr entsetztes Stirnrunzeln, als ich ihr erzähle: ich habe keinen meiner nächsten Verwandten zu Grabe getragen, ja, bis auf das Grab meines Vaters, das ich nur von einer Fotografie her kenne, und einer Schwester, die weit weg im Familiengrab anderer liegt, wisse ich nichts von dem Wie und Wo ihrer Grabstätten.

Wie sie da an meinem Bett sitzt und verlegen mit einem Zipfel ihres dicken, grünen Hausrocks über meinen Nachttisch wischt und wieder wischt, als ob unzählige Schichten von Staub darauf lägen, merke ich, dass ihr etwas am Herzen liegt und dass unser Gespräch nicht recht in Gang kommen will, woran nicht nur mein schwerfälliges Italienisch Schuld ist.

«Ist sie nicht schön, unsere Altstadt auf dem Hügel?»

«Bella, molto bella», sage ich.

«Und von unserem Friedhof aus gesehen, ist sie am schönsten.»

«Sì, bella, molto bella», wiederhole ich wie einen Refrain.

Und sie hat recht. Der Friedhof liegt unten und die Altstadt oben auf dem Hügel mit venezianischen Mauern, Kirchtürmen und Heiligen, die auf die Toten herunterschauen.

«Und was hast du getan?» fragt sie und meint wohl, «dafür getan», sagt es aber nicht und spuckt nur zierlich auf ihren Rockzipfel und wischt über die Nachttischplatte damit und meint wohl nicht nur den Staub.

«Nichts als Herumreisen», sagt sie und versucht, scherzhaft zu lachen. Aber es gelingt ihr nicht, und ihr liebenswürdiges Gesicht mit der feingeschnittenen Nase verzieht sich.

Und ich weiss, dass ich ihr nicht mit Erklärungen über früheres Flüchtlingsdasein kommen kann – zu unverständlich für das Pathos ihrer bodenständigen Trauer, mit den Toten in tröstlich wohnlicher Nähe. Sie spürt die Kluft zwischen uns und küsst mich, und ihr rundlicher Körper im flauschigen Hausrock strömt Wärme auf mich aus. Wir haben uns noch oft über die Kluft hinweg geküsst und eine Art von luftiger Brücke gebaut, die zwischen uns hängen blieb bis zu ihrem Tod.

«Bella, molto bella», sage ich zu meinem Mann, als wir endlich am Ausgang des Friedhofs stehen, müde von den vielen Gräberbesuchen, und zeige auf die Altstadt, die, von Abendnebeln verschleiert, über dem Friedhof zu schweben scheint – und vergesse dabei den dumpf feuchten Geruch der Colombariogräber, der noch an unseren Mänteln haftet.

RAUSCHEN UND MURMELN – FERN UND GANZ NAH

Manchmal ganz nah und manchmal ganz fern – das Murmeln und Rauschen – es hat mit Altern zu tun – mit Schwer-Hören und Nicht-Zuhören und mit Erinnerungen, die wiederum mit gewissen Geräuschen verbunden sind, mit verschiedenen Zeiträumen, die sich ineinander verschieben: Vorkrieg, Zwischen-Krieg und eigentlich nie richtig Frieden, wie sich ihn die Eltern um die Jahrhundertwende vorgestellt hatten.

Zum Vorkrieg I gehörte eine grosse Muschel; darauf stand «Bansin», und darin erstes Erlebnis vom Meeresrauschen der Ostsee. Vater trug einen Vollbart und grossen Strohhut, Mutter sass im Strandkorb, und Schwester und ich sammelten Muscheln und hielten sie ans Ohr; es mag darin gesäuselt und gemurmelt haben, doch richtig rauschen tat es nur in der grossen Muschel vom Andenkengeschäft in Bansin.

Und wenn ich manchmal daran denke und höre nicht recht zu, was Gesprächspartner gerade sagen, und sehe an ihren erstaunten Gesichtern, dass meine Antwort nichts, aber auch gar nichts mit dem Gesagten zu tun hat, sondern mit meinen Erinnerungen, die von weither aus jener Muschel zu kommen scheinen; von den Pedalen eines grossen Konzertflügels, an dem mein Vater sitzt, einem riesigen, goldgerahmten Landschaftsbild gegenüber, wie es damals zu gut eingerichteten Bürgersalons gehörte – und dann höre ich wieder das frivol harmlose Lied, das Vater an geselligen Abenden zu rauschenden Klavierklängen sang – damals – vor dem I. Weltkrieg.

«Ach lieber Kapitän – ach lassen Sie das sein,
Sie rudern, Sie rudern . . .»

Und eine Dame mit Hut und Schleier und Sonnenschirm sitzt in einem Boot auf dem verschnörkelten Notenblatt, und der Reim muss wohl «mich ins Unglück rein» oder so ähnlich gelautet haben – doch wir Kinder wurden vor Ende des Liedes ins Bett geschickt.

Für die Eltern bedeutete der I. Weltkrieg das Ende ihrer «Belle Epoque» und damit wohlhabender Bürgerexistenz; für uns Kinder war er zuerst mit einem Kalender verbunden: darauf Kaiserin Augusta Victoria, die huldvoll einem Offizier mit blütenweissem Stirnverband einen Strauss gelber Rosen überreicht; später mit Schulerlebnissen, die schon auf dem Schulweg begannen – dem halbstündigen, entlang einer stillen Chaussee, die nur dann und wann von einer Elektrischen befahren wurde. Das Interessanteste am Schulweg war eine Schutthalde auf der anderen Seite der Schienen, mit allerhand Überraschungen: zerbrochenen Flaschen und Glassplittern, die in der Sonne wie Edelsteine funkelten – und eines Sommermorgens einem überfahrenen Hund, den man achtlos über das rostige Drahtgitter ins Unkraut geworfen hatte. Um ihn intensives Summen von Fliegen und allen möglichen Insekten. Und jeden Tag zog mich Schwester hinüber, und jeden Tag schien der arme Körper mit dem zerfetzten, schwarzen Fell und den heraushängenden Eingeweiden mehr und mehr in die Erde zu wachsen, bedeckt von einem immer dichteren Schwarm von Fliegen. Als wir nach den Sommerferien zur Schule zurückkehrten, war nichts mehr vom Hund zu sehen ausser einer Reihe roter Mohnblumen.

«Metamorphose», sagte Vater zu unserem Erlebnis. Vom Kriegsdienst wegen Kränklichkeit befreit, zog er es vor, rohe Wahrheiten mit klassischen Worten zu verklären. «Metamorphose» hiess bei ihm auch der Komposthaufen in der Gartenecke, wo alles Mögliche wachsen sollte und doch nicht wuchs. «Metamorphose» – für uns wuchs es auf dem armen Körper des Hundes, ein dünner Streifen von Blumen, rot und leuchtend.

Und wieder Meeresrauschen – diesmal nach dem II. Weltkrieg, fast ein halbes Jahrhundert später.

Eine kleine Stadt auf steilem Hügel, am Adriatischen Meer; mein Mann, Lehrer am humanistischen Gymnasium; neben dem Schulgebäude Krankenhaus und Totenkammer; von dorther Klagechöre, wohl weniger klassisch als die antiken Chöre von Sophokles und Aischylos, doch im selben Sinne übersteigerter Schmerz und Katharsis. Griechisch und Lateinisch lernten die Schüler wie zum Zeitvertreib, denn es gab nicht viel anderes zur Unterhaltung ausser dem Strand und den Fischern. Unsere Wohnung lag am Strand, in einem netten Häuschen für Sommergäste. Im Winter wollte niemand dort wohnen, man drängte sich lieber zusammen in den engen Häusern auf dem Hügel, von dem man einst das Herannahen der Sarazenen signalisieren konnte. Und die kamen vom Meer, und vor dem Meer fürchtete man sich, besonders in stürmischen Jahreszeiten.

Wir hörten es in der Nacht donnern, es klopfte an unsere Tür, und wir schliefen unruhig und hatten die gleichen Träume: wir ritten hoch auf weissen Wellenkämmen und wurden im nächsten Augenblick vom Wasser verschlungen.

Manchmal, gegen Morgen, wenn der Wind sich gelegt hatte, säuselte und murmelte es vom Strande her, und ich glaubte die Eltern im Nebenzimmer zu hören, wie bei meinem letzten Besuch in Deutschland vor vielen Jahren. Die Judengesetze waren schon längst wirksam, und Mutters Bruder wurde von seiner «arischen» Frau versteckt, einer ehemaligen Konzertsängerin von Schubertliedern; doch statt des rauschenden Lindenbaums «am Brunnen vor dem Tore» warteten die Anschlagkästen mit der Judenhetze direkt vor ihrer Tür. Mutter fürchtete sich, und Vater beruhigte sie, und ihre leisen Stimmen raunten und murmelten die ganze Nacht durch. So ähnlich muss es gewesen sein, als sie nach meiner Abreise nach Spanien, während des Bürgerkrieges nichts mehr von mir hörten.

Einer meiner Wiener Freunde erzählte mir viel später, dass der Vater ihn in einem Brief gefragt habe, ob seine Tochter vielleicht «Werbern» in die Hände gefallen sei. Das Wort «Werber» muss ihn irgendwie getröstet haben, denn es versetzte die Vermisste in einen anderen Zeitraum, mehr als 2 Jahrhunderte zurück, als der Preussenkönig Friedrich Wilhelm der Erste lange, kräftige Burschen durch Werber in sein Gebiet herüberlocken liess, und wenn dann die Armen zu desertieren versuchten, wurden sie gezüchtigt und mussten Spiessrutenlaufen.

Todmüde vom Herumirren im Labyrinth preussischer Militärgeschichte und besorgter Vatergefühle, mag er der Mutter kurz vor dem Einschlafen noch versichert haben: Spiessrutenlaufen und andere Züchtigungen blieben seiner Tochter sicher erspart.